U0034929

消失的
1940-1950
40年代2
背後那支槍
陳婉真 著

繼《1940-1950消失的四〇年代：造飛機的小孩們》後，

歷史課本上隻字不提

四〇年代臺灣年輕人所處的離亂政局，再次透過阿祖們口述的故事

真實還原「背後那支槍」壓在陰霾中的深深恐懼。

↑陳少甫的三伯陳敏生（1899-1963）畢業於臺灣總督府醫學專門學校，在臺北醫院（今臺大醫院）服務兩年多後回屏東林邊開設敏生醫院，曾任林邊庄庄長、戰後第一屆屏東縣議會議員，享年64歲。敏生醫院日治時期曾被郵便局印為明信片，可惜已經拆除。

↑陳家老宅靜園。

↓屏東佳冬鄉四塊厝望族陳家，戰時被白鳥軍團借住，圖為整修後的白鳥軍團辦公室，門邊白板為淹水時的擋水板。

↑日治時代的學生兵（吳如蘭提供）。

←黃美玲老家「晴園」外觀。

↑郭芝苑隨時都保有創作的習慣，圖為其手稿。

↑譽為人間國寶的作曲家郭芝苑指導合唱團的身影。

↑學編草帽的婦女就知道「壓壹仔」很困難，這是苑裡人做草蓆特別的形容詞。「壓壹仔」是藺草編織的第一道手續，也就是最基礎的意思

↑《貂蟬呂布》是臺灣有史以來第一部臺語音樂歌舞劇，由郭芝苑作曲。

↑陳錫章（右）1983年訪美，與阿肯色州長柯林頓（左）合照，10年後柯林頓成為美國總統。

←名列黑名單的鄭紹良無法返臺，只好接父母到美國奉養。圖為父母和十個兄弟姐妹在比佛利山莊住家前合影。

↑日治時期學生需服勞務（黃路提供）。

↓黃路保存的台語十五音教材。

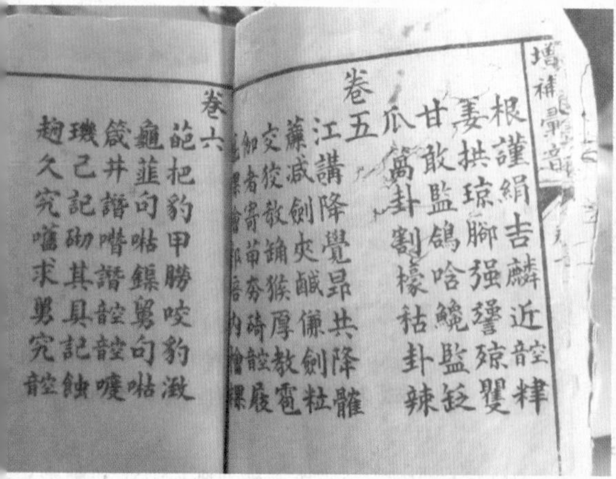

↑黃路結婚照。

←三峽表忠碑開幕紀念小杯子（鄭有財提供）。

↑鄭有財收藏的皇民奉公紀念章，比十元硬幣還小。

←皇紀2602（1942）年大東亞戰爭滿一週年發行的紀念郵票，藍色郵票5錢外加獻金2錢（鄭有財提供）。

↓鄭有財結婚照。

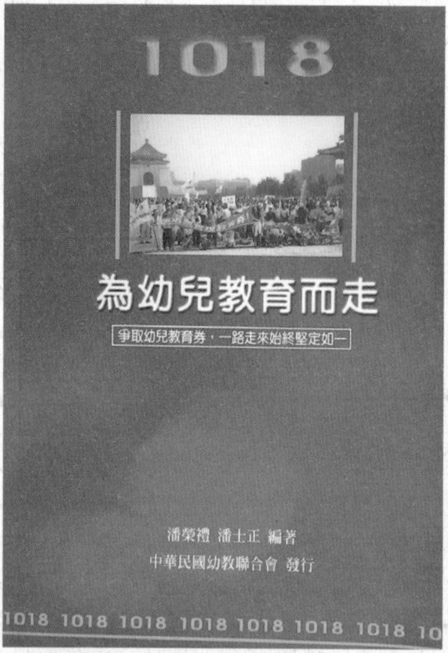

1018
為幼兒教育而走
爭取幼兒教育券，一路走來始終堅定如一
潘榮禮 潘士正 編著
中華民國幼教聯合會 發行
1018 1018 1018 1018 1018 1018 1018

1998年10月18日，潘榮禮擔任總領隊帶領一萬多人上街頭爭取幼兒教育券實施。

—1018 爲幼兒教育而走—
爲幼兒教育而走

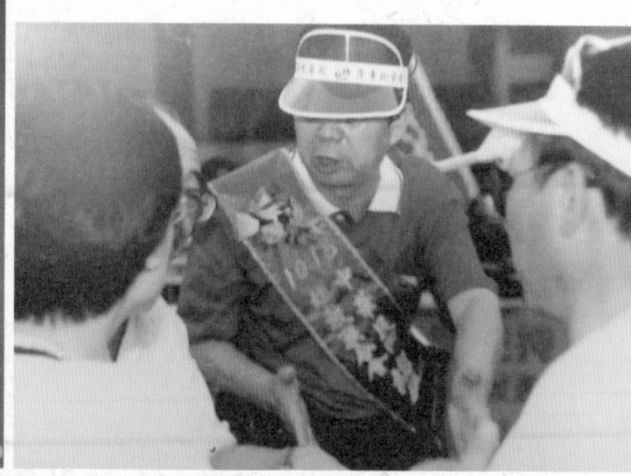

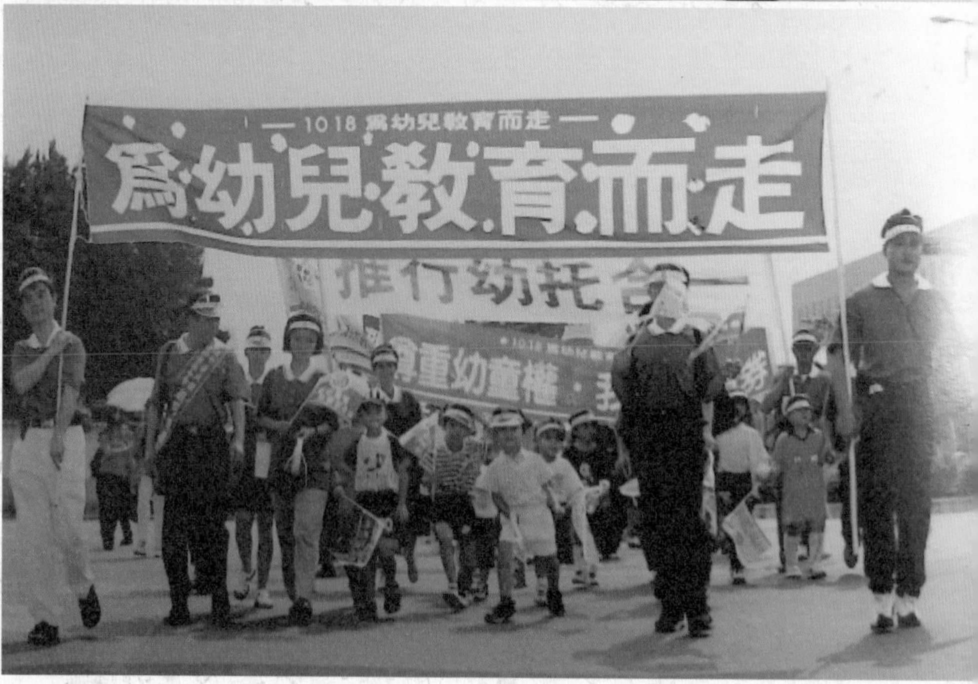

潘序

補破網工程

美軍於1945年8月6日、9日，分別在日本的廣島和長崎投下原子彈後，日本裕仁天皇於8月15日，宣佈無條件投降，第二次世界大戰於焉結束。

第二次世界大戰結束，中國國民黨政府稱之爲「抗戰勝利」。這個「抗戰勝利」也就是臺灣民間所謂的「終戰」。因爲抗戰是日本和中國的事，與臺灣根本無關。那時候，臺灣是在日本殖民統治之下，若有關係，應該只是有少部分民眾，被動員或徵召去南洋當軍伕而已！

第二次世界大戰「終戰」後，世界各洲被殖民國家，掀起獨立運動，自由世界新的龍頭——美國，也大力支持各國的獨立運動。但是美國駐太平洋區的聯軍總司令麥克阿塞，大概是被勝利沖昏了頭，竟將日本放棄主權的臺灣，交給中國暫代管理。臺灣因而落入中國手中，遭受中國國民黨政府的長期戒嚴統治。

當然，任何統治臺灣的外來政權，都不得善終。從臺灣歷史觀察，足以證明這個魔咒的存在。我們從荷蘭占領臺灣開始看，荷蘭後來被反清復明的鄭成功驅逐出境；鄭成功也被「大清帝國」掃地出門；「大清帝國」在「日清戰爭」戰敗後，割地賠款訂立「馬關條約」將臺灣、澎湖的主權割讓給日本，與臺灣斷絕關係；日本在第二次世界大戰戰敗，接受無條件投降，不得不放棄臺灣主權，與臺灣「莎喲娜啦」。臺灣命運多舛，竟然沒在那一波獨立潮流中，獲得美國支持獨立，反而由太平洋聯軍統帥麥克阿塞，委託中國暫代管理臺灣。中國蔣家政權竟大肆慶祝「抗戰勝利」和「臺灣光復」。其實，中國並不是爲了收回臺灣，而和日本抗戰。中國跟日本兵戎相見，是爲了自己存亡死活而戰，絕對沒有爲了收回臺灣，動用過一兵一卒。

第二次世界大戰終戰，我們臺灣同胞，對中國並非完全瞭解。有的人甚至對這個政權存有奢望，熱烈的參與歡迎中國來的接收官員和軍隊。當時稍微理性的民眾，曾提醒大家「新的未來，不知舊的要寶惜」和「灑尿換泄屎」。後來，從中國國民黨政府在臺灣施政，倒行逆施，凌霸民眾、摧殘人權，事實證明民眾的焦慮與不安，並非毫無根據。

「1940-1950消失的四〇年代」系列作者陳婉眞，是前《中國時報》駐中興新村的省政記者。當時臺灣的政治結構，雖然有中央政府的行政院，和自稱爲國會的立法院、國民代表大會、監察院，都只是行政院御用的傀儡，幾乎是政府專業背書機構。老百姓對這些毫無民意基礎的傢伙，都稱之爲「老賊」。所以政治重心自然移轉到臺灣省議會，後有黨外議員林義雄、張俊宏、邱連輝、許信良、黃玉嬌、張賢東、蘇洪月嬌……等人，開始反思國民黨統治臺灣的合法性。呂秀蓮甚至出了一本《臺灣地位未定論》，直接向國民黨挑戰。

當時臺灣的政壇，雖然有民社黨和青年黨這兩個在野黨，卻都是國民黨從中國帶來的附屬政黨，靠國民黨補助逍遙過日。黃信介說，他們是「便所內花瓶」。反而是本土黨外新秀，陸續獲得黨外前輩的鼓勵和支持，信心和勇氣大增。全省串聯形成一股新生的力量。本來全省各縣市，雖然都有在野人士關心地方政治。但都是各自爲政，孤軍奮鬥。例如臺中市陳派和彰化縣的陳派互不認識；臺南縣的陳派和高雄縣的陳派也很陌生。國民黨讓各地方都有派系，以公職人員提名爲手段，採用恐怖平衡策略，讓他們互相制衡，不讓他們串聯在一起威脅到他的政權。

此時，康寧祥的《八十年代》、蘇慶黎的《夏潮》雜誌，以及其他黨外刊物，爭相訪問，介紹全省各縣市黨外前輩，報導他們與國民黨對抗的經驗，讓這些前輩感到受尊重，很溫馨。尤其《中國時報》記者陳婉眞和《臺灣日報》的採訪主任吳哲朗，對黨外人士的言行及動態報導，引起民眾的關心和熱烈的回應。因爲當時臺灣還是在戒嚴統治下，記者都不敢報導黨外消息，除非負面新聞。

陳婉眞敢寫、勤寫；吳哲朗敢用、敢登。陳婉眞的「中時」不登，她便把新聞轉到「台日」。民眾也都紛紛向親友轉述，聽來的或看到的黨外消息。

後來，他們兩人甚至發行地下刊物《潮流》，直接與國民黨對幹，把林義雄說的國民黨是「叛亂團體」在《潮流》登出，有人懷疑林家滅門血案是因言惹禍，說國民黨是「叛亂團體」，對國民黨來說，孰可忍孰不可忍？文化界也幾乎把出版討論臺灣在「1947」第二次世界大戰終戰前後，描寫當時臺灣的政治、社會、經濟、教育、治安、甚至軍事等相關著作，成為當時文化的主流。而有關「二二八事件」的著作，更是獨領風騷，鋪滿書架，作者各蹲一角，發言嗆聲。至於那個時代，甚多有關臺灣禍福的重大事件，卻鮮有人提及，民眾關心的目標，都投注在「二二八事件」上。這也難怪，這是臺灣史上最殘酷的、有計畫的屠殺。要屠殺受日本教育的臺灣精英——教授、醫師、律師、記者、學生、教師、同事、社會賢達……等人士。

臺灣在以1940為主軸的前後十年，除了令民眾震驚恐懼的「二二八事件」，國民黨還實施許多苛政壓搾人民。例如；「臺灣省糧食管理條例」，「糧食限期出售」，「肥料換穀」，「開徵田賦稅」，「向大糧戶徵稅」，「臺幣四萬換一元」，「發行愛國獎券」，「三七五減租」，「耕者有其田」……等苛政，剝削人民。只是大家關心的是「二二八事件」，恐怖情況，超過人民對暴政所能忍受的程度，讓民眾對當時，其他猛於虎的暴政失去感覺，成為「消失的年代」。

「消失的年代」作者陳婉眞認為臺灣不幸的歷史，可以原諒，不能遺忘，更不能成為斷代史。所以她雄心萬丈，進行全方位的補破網工程，訪問、探視在1940年代受到國民黨政府苛政傷害的當事人、家屬、親友、鄰居、師生、同事，追憶當時的風聲鶴唳，跑遍臺灣的各縣市，以及歐美、日本、東南亞各國，有瞭解事件發生原因、過程或受害者的地方，就有作者僕僕風塵前往探視、訪問的身影。陳婉真企圖重建「消失的年代」現場，一針一線，一筆一畫，綴補臺灣歷史的破網，居心之憂，可見一斑；也令人足感心。

歷史可以原諒，但不能遺忘，不原諒你又能怎樣？遺忘了歷史，臺灣會再遭受霸凌欺負；讀完《1940-1950消失的四〇年代：背後那支槍》，我不禁想起我們臺灣有句諺語「大箍食肥豬肉——加油！加油！」陳婉真加油！我們大家都要加油，臺灣就不會再有「消失的年代」了。臺灣後世代的歷史，會像彩虹那樣璀璨美麗。

潘榮禮

目錄

潘序
補破網工程／潘榮禮　/9

回憶「走街仔仙」賴和　賴洝　/16
林瑞明談賴和　林瑞明　/25
老大的祕密基地　白權　/30
名門千金　百年風雨　陳阮仁勉　/44
瘖啞村　陳曾錢、陳禎和　/59
芋仔園裡的番薯仔　曾金海、曾明財　/71
素人藝術家　吳如蘭　/90
新兵43歲　林松江　/112
你們要去抗議誰？　施家和　/121
鏽蝕的武士刀　郭芝苑、阮文池　/129
江湖大護法　陳錫章　/153
砧皮鞋補雨傘　陳讚成　/161

土地公廟的見證　黃路　/175

想爲子孫留塊好土地　鄧鮮　/191

祖師廟與總督魂　鄭有財、鄭李麗月　/195

意樓滄桑　陳平權、陳仰止　/216

鎖在聯合國大門外　鄭紹良、黃美玲　/234

送報伕的祖國溫馨　潘榮禮　/259

後記　背後那支槍　/272

附錄　/282

1. 1940年代臺灣歷史大事紀

2. 臺灣阿祖的私密故事（1）
《1940–1950消失的四〇年代：造飛機的小孩們》
目錄

回憶「走街仔仙」賴和

賴和先生的次子賴洝。

受訪者背景

受訪人：賴洝
性別：男
出生年月：1928年
訪問時間：2010/8/23
地點：臺中市賴宅附近咖啡館
訪問人：陳婉真

賴洝先生是臺灣新文學之父賴和先生的次子，長期關心臺灣民主運動。臺中一中、淡水英專畢業。

訪談中我首次得知，家父是他臺中一中的前輩。家父在日治末期被徵調當兵，因爲是長子，祖父母對他寄望很深，推測是祖父看出日本將敗，授意他逃跑。小時候聽說他曾逃到龍井，這次訪談才知道他也逃到淡水。

那時賴洝和陳虛谷的兒子同在淡水英專附近租屋。「你爸爸逃兵逃到淡水找我們，說他好幾天沒吃東西，肚子很餓，我說儘管吃，儘管吃……。」滿臉笑容的賴洝，談到六十多年前的往事彷彿又回到當年，彷彿把我和家父的影像重疊，指著眼前的咖啡點心，不斷對著我說：「儘管吃，儘管吃……。」

賴和先生（1894～1943），臺灣彰化人。1903年先唸漢學私塾，後讀彰化第一公學校（今中山國小），1909年就讀臺灣總督府醫學校，1914年畢業，1918年到中國廈門鼓浪嶼博愛醫院任職，次年返臺，並於故鄉開設賴和醫院，每年過年整理沒錢付醫藥費的患者帳簿，全部燒燬，對於貧民常減免醫藥費，甚至贈送昂貴藥材，人稱「彰化媽祖」，又暱稱「和仙」、「走街仔仙」【註1】。

賴和除行醫之外，熱心推動臺灣新文學運動，並積極參加臺灣文化協會；1927年臺灣文化協會左右分裂，賴和擔任左傾之新文協的臨時中央委員，並任臺灣民眾黨幹事；1932年與葉榮鐘、郭秋生等人創辦《南音》雜誌，鼓勵以臺語寫作。曾於1923年及1941年兩度入獄，第二次

賴和墓。

出獄後不久，於1943年1月31日病逝。出殯時無數彰化人不捨，自動自發於路旁擺設祭品路祭；他死後多年，仍有很多人到賴和墓前拔草，認爲「和仙」墳上的草可以治病。

訪談內容大要：

賴和是極少數臺灣人被奉祀於忠烈祠者，又一度被撤出。談到這一段，賴洝忍不住情緒激動：

他是在1951年經人推薦，同時奉祀於彰化及臺北的忠烈祠，但林衡道說他是共產黨，1958年被請出忠烈祠，經過爸爸很多朋友仗義直言，說豈有此理，大家很憤慨，像楊雲萍、李南衡等幾位教授，還有爸爸彰化好幾位朋友反應都很強烈，因此，在1984年又被奉入祠【註2】。

診桌當書桌

成大的林瑞明教授是專門研究賴和的。他擔任國立臺灣文學館籌備處處長時，我們提供一些父親的遺物，因此，文學館有很長的時間設了一個賴和書房的展場。

有關父親遺物的收集，要感謝我大哥，有他的用心整理，才得以保存下來。後來家族自費在賴和醫院舊址附近設立賴和紀念館。

他除了在診所看病之外，也很常出診【註3】。每次出診

文學館賴和書房展示。

文學館賴和印章展示。

都先和當地約好在一個定點，譬如在阿夷庄、快官等特定地點，各庄頭的病人都會聚集等候，所有病人看完後才回來。

談到爸爸的寫作，他都是利用看診時間過後，晚上就把看診室的診桌當書桌，很多作品都是這樣寫出來的。他頭腦很好，文思很快，看到什麼不平的，一邊吟詩，一邊就寫下來。

現在的醫師已經不再出診了。他出診時只帶一個聽診器及一支敲膝蓋用的槌子。

他有時也接生，有些難產的個案，產婆沒辦法，病人家屬就會呼叫：「和仙啊，來喔。」通常只要父親接生的，都能順利生產。他很會「揪囝仔」【註4】。

一般人家每年過年拜拜要燒金紙，家父是每逢過年就把一年來未付帳的帳簿燒掉。他葬在彰化八卦山畚箕湖的公墓。墓碑後方刻有父親好友陳虛谷先生【註5】寫的生平略歷。

父親對朋友、對病人都很好，也提攜很多文化界的後輩，但對自己人很嚴格，尤其重視子女的教育。他督促我們讀書，不只問你書讀好了沒，還要我們當場讀給他聽或做給他看，看我們是不是眞的讀通了。

我們兄弟姐妹是2男2女共有4人、另外有1男1女都夭折了。因爲醫院是傳染源，細菌多，幼兒抵抗力弱，沒辦法。

戰俘滿街跑

戰爭最激烈時我17歲，唸臺中一中三年級。原本臺中一中是五年制，因爲戰爭的緣故，改爲四年制。令尊是我臺中一中的前輩，他是五年制，我讀四年。

那時日本打中國已經打了好幾年，學校都有軍事訓練。後期也把我們編爲學生兵，派到清水去巡防海岸，我們自己挖戰壕，敵機來掃射就躲進去。我哥哥在日本讀書，因爲日本人不信任臺灣人，所以沒讓他當兵。臺灣的學生兵則是意思意思，每人發給5顆子彈。

四年級時，我和陳虛谷的兒子陳逸雄一起去讀淡水英專。因爲那時的年輕人很嚮往西方，很多人讀英語。淡水英專的老師有來自英語系國家及德、法、丹麥等國的人。

我的鄰居有不少人到南洋當兵。但也是因爲日本人不信任臺灣人，臺灣兵都是當軍伕，做一些扛子彈等工兵的工作，不能拿槍打仗。戰後有少數回來的，回到臺灣還穿著戰俘營的衣服，背後印著大字的“PW”（Prisoner of War，「戰俘」）滿街跑。

占寺廟 吃霸王餐

中國兵來接收時，大家都抱著很大的期望，我也和一些朋友組隊到臺中車站，我們以爲中國是戰勝國，國軍應該很神勇，想不到他們下火車之後，看到一個路邊攤販，竟然集體擁過去吃霸王餐，把小販嚇得拔腿狂奔，類似那樣的景像很多，令人極度失望，尤其後來他們進駐彰化之後，占據廟宇，媽祖廟、天公壇，到處占，有些臺灣人有樣學樣，也跟著到處占寺廟、占民宅。我們原本不認同日本人，想不到走了日本人，來的是更土匪的中國兵，比日本人更壞。

二二八事變彰化比較沒事。

家父在戰爭時因爲日本人怕他的影響力太大，沒說什麼罪名就把他抓去關起來，結果死在獄中。我和哥哥臨時結束學業回來。還好祖父還有一些房地產，加上家父的保險金，生活還過得去。一般人就過得很辛苦。

我們家在渡船頭【註6】一帶約四、五甲的土地，在三七五減租政策下都被徵收了，說是以債券交換，都是騙人的，所謂的債券形同廢紙，只有少數依附國民政府的大財團得利。

賴浟的女兒蕙蘭補充說明：阿公對病人很好。尤其對原住民朋友，他都稱他們是「山上的兄弟姐妹」。很多來自埔里的原住民朋友，阿公都免費替他們看病，因爲他們住得遠，一次給他們3個月的藥，外加很多營養補品。對於貧窮人不但不收錢，還送錢給患者。

有一次慈濟電視台訪問阿公看過的病人時我們才得知一件事：

一位肺膿的幼兒來就診，阿公先看診後，在胸部患處以針鑽孔，用嘴巴把患者的膿吸出來。後來這名患者平安長大之後，在一次就診時醫師看到他胸部的傷口，一問之下才知道賴和是這樣全力替人治病的。

如果換了現在，醫師可能要先考慮會不會有醫療糾紛、對醫師自己的健康有沒有傷害等，小孩可能就沒命了。

賴和與杜聰明博士行腳所寫之詩作。

阿公在臺北就讀醫專，曾和同班的杜聰明博士兩人一起從臺北徒步回彰化，沿途拜訪同學，每到一處就寫詩，我們保留他到清水寫的詩，裱框放在家裡。

因爲他邊行醫邊了解社會百態，晚上看完患者以後他就寫詩，所以他的詩很能感動人心。

我是長大後才體會到阿公很不簡單，他當年醫學校畢業，才20歲就要獨自扛起一個大家庭的家計。每天要看一百多個以上的病人，每天家裡客人不斷，他除了醫世救人之外，也以文章詩詞抒發臺灣人對統治者的不滿與對社會的不平，因爲他具有憐憫心與同情心，還在家裡自設圖書館，讓左鄰右舍來看書，用這種方式教育市民。

所以祖母很偉大，如果她無法體諒祖父對社會的愛心與付出、祖父也無法實現他的理想與志氣，他們的言行是給我們後代子孫最好的身教。

【註1】早年臺灣人受日本人的影響，所謂「先生」是對於有社會地位者的尊稱，例如稱醫師及老師均稱為「先生」，稱醫師娘或師母為「先生娘」，久之，簡化為稱其名後面再加「先」。例如已故民進黨主席黃信介先生，很多人尊稱為「信介仙」，應為「信介先」之演變。

【註2】根據內政部的資料，賴和在1951年4月14日奉核入忠烈祠；1958年8月14日被移出；1984年4月25日再度入祠。

賴蕙蘭表示，她記得為了賴和被撤除牌位一事，臺灣文壇前輩，也是我彰女的英文老師李篤恭先生，多方奔走，並寫信請有關單位撤回成命。

與賴和有類似情況的，包括王敏川、洪朝生、翁澤生等多位，均於1958年遭內政部以「臺共匪幹」為由，飭令各縣市政府撤除牌位，除賴和於1983年獲平反外，其餘人士均係於2008年馬英九接見「臺灣抗日親屬協進會」人員時，接受該會反應，指示內政部辦理。

內政部於2009年，邀集該會與學者專家及地方政府等相關單位人士舉辦公聽會，會中決議幾位先人「並未構成撤除牌位之理由，恢復入祀忠烈祠」。這種二進一出的現象舉世罕見，死後還要被加上「臺共匪幹」的罪名，與鞭屍何異？

【註3】早期醫師為病人看病，並不限於在診所或醫院，而是家中有人生病，就會由家人到醫院聘請醫師前往家中看病，稱為「出診」。賴和這種定時定點的出診方式，是為了方便偏遠鄉間民眾的額外服務。

【註4】幫人接生，臺灣話稱為「抾囝仔」，此處的「抾」是檢的意思。

【註5】陳虛谷（1896-1965），名滿盈，彰化和美人，日本明治大學政治經濟科畢業。1923年在東京舉行的臺灣議會設置團請願歡迎會上演講，開始參與社會運動及新文化啟蒙運動，保留下來的作品有新詩二十餘首，舊體詩三百多首，小說4篇，遺言交待在墓碑上刻上「詩人陳虛谷滿盈之墓」，並於墓碑背面刻上他的詩：「春來人歡樂，春去人寂寞；來去無人知，但見花開落。」彰化八卦山文學步道上亦刻有這首詩。1950年捐贈土地給彰化中學和美分校（今和美國中）及培英國民學校。

【註6】今彰化市彰興路靠近中山路附近的大肚溪沿岸一帶，從前船隻可以駛入並在此設置渡船頭，因而名之。

林瑞明談賴和

受訪者背景

時間：2010/9/7
地點：臺南市國立臺灣文學館
受訪者：林瑞明教授
訪問者：陳婉真、彰化縣公益頻道

訪問賴和的次子賴洝先生後，因發現賴洝雖然很樂於接受訪問，他所記憶的有些事件似乎有待查證，譬如談到賴和被逐出忠烈祠一事，賴洝的印象是被逐出兩次，當時心想果眞如此的話，這個政府實在罪無可赦，因而請教林教授，並多方查證內政部等相關單位的資訊，確定賴和是二進一出忠烈祠。過程中也意外發現，與賴和同時被逐出的還有好幾位，而將他們平反的，竟然是馬英九。

賴和紀念館在彰化市雖然成立超過十年以上，卻無法像日本及歐美等國家一樣，文學家的故居成爲當地重要的觀光景點，全靠賴家後代及幾位有理想性的工作人員苦撐；反而在國立臺灣文學館有一個常設的賴和書房展場，因而特別拜訪幕後推動者林教授。

訪談內容大要：

賴和的作品中有兩個很重要的特性：

第一點，他的漢學基礎深厚，使得他很容易轉換為臺語白話文的寫作能力。他從小對傳統漢文學很有興趣，訓練很好，加上他曾經到鼓浪嶼的日本租界行醫，有機會接觸中國的五四新文學運動，得風氣之先，回到臺灣後他努力推動以白話文寫作，也就是用母語寫作。

一般從文言文寫作到以社會大眾的用語寫作，很多作家做不到。因為古典文學強調優雅，是文人雅士自我賞析的文學，要轉換為大眾能懂的文字，有的人走不出來。賴和之所以走得出來，就是因為他深厚的漢學基礎，對於漢文字的掌握能力很高。

反應被壓迫者的痛苦

第二點，賴和仙和民間的結合很深，因為他行醫的對象很多是販夫走卒，加上他在社會運動參與很多，對於社會上被壓迫者的痛苦感同身受。他所寫的就是反應被壓迫者的痛苦，這才是眞正的文學。不似有些文人自以為高尙，看不起窮人，這是不對的。

他不但自己所寫的文章表達對人民的關懷，在1920年代還開風氣之先，藉由擔任臺灣新民報文藝欄編輯的工作之便，帶動很多文學工作者一起關懷社會，像彰化的楊守愚、陳虛谷……等都是。

在賴和的文學作品裡，傳統漢詩可以有新概念，譬如他在1894年出生，第二年臺灣就割讓給日本。甲午戰爭打仗不在臺灣，臺灣卻成爲清朝戰敗割讓的替罪羔羊，因此他寫了這首詩：

我生不幸為俘囚，
豈關種族他人優；
頭顱換得自由身，
始是人間一個人。

這首詩就是在描述他出生第二年就不幸變成日本人的俘囚，而這事與日本人的種族是否優於臺灣人無關。這是他強烈的民族意識的表現，在這樣艱困的情況下，也只有頭顱換得自由身，才是人間的一個人。

他也有強烈的階級壓迫意識，所以他會寫「壓迫自然成反動」這樣的詩句出來。

思想和時代一起進步

賴和另一個很特別的是，他的思想和時代一起進步。我在1993年出版一本書《臺灣文學與時代精神》，書中提到讀他的作品，彷彿可以回到他那個年代。因爲他可以掌握文化資源而以新形式表現出來。文學最可貴的就是在於能夠反應時代，而不是吟花弄月，更不是雕蟲小技。

接下來的1930年代是社會思潮變化很大的年代，最主要就是左右辯論。在這種左右思潮激辯的年代，臺灣共產黨於1928年成立，這可以說是在日本殖民地的臺灣最極端的組織，受到這樣的衝擊，賴和選擇靠左。

臺灣雖然不幸成爲日本的殖民地，相對的，也因而多了一扇和世界溝通的窗子，因爲日本在殖民臺灣後期全面性推動皇民化運動，強迫臺灣人以日文寫作，以日文思考，而日本人對於世界自由新思潮的翻譯速度很快，使得臺灣人接受世界新思潮的速度隨之加快。

在那個以日文爲主流的年代，母語寫作的環境更加艱難，很多作家面臨文字使用的選擇，像謝春木、楊逵，都選擇以日文寫作。這是沒有自己國家的作家不得已的選擇，而賴和認爲，只有以母語寫作，才足以表達內在最深刻的感情，雖然他的嚐試算是不成功（譬如《一桿稱仔》其中的桿就不是臺灣話用法，後面「稱仔」就是了），但這種母語寫作的風潮永遠不會止息。

傳說賴和到高雄當城隍爺

我是在1970年代末期到賴和家，和他的家人有很多接觸。賴和醫館要拆除時，我和他家人一起保存了很多文物。賴和的孫子賴悅顏因爲從事營造業賺一些錢，我建議他們成立賴和文教基金會。不過這麼多年來，基金會的募款不易。

傳說賴和死後到高雄當了城隍爺——因爲利益迴避的原則，不能在彰化本地當神明。所以有朋友開玩笑說，我們不如來開一間廟，賴和當主神，兩旁供奉其他作家，應該能募到更多經費吧。

談到賴和的成就，如果以醫師而言，因爲他選擇擔任地方的開業醫，和他同班同學杜聰明博士在醫學上的成就，當然無法相比擬，但作爲一個地方的醫師，他關心人民的健康，以及對貧苦大眾的關愛，具體的如很多人去看病，付不起醫藥費的，有的送雞、送番薯，甚至沒錢的，他也無所謂，這一點很令人感佩，所以地方人士對他非常感念，傳說他死後墓地的草可以治病，甚至傳說他去當城隍爺，都是由此而來。但無論如何，他在文學方面的前衛領導角色，在那個時代具有非常重要的地位。

老大的祕密基地

（右）白權和秀水農校的英文老師巫有堂先生（左），雖然隔了一甲子，見了面還是畢恭畢敬的尊稱老師，巫老師多年前自彰女退休。

受訪者背景

受訪人：白權
性別：男
出生年月：1936年4月5日
訪問時間：2010/11/18、2013/7/1、2015/6/2
地點：彰化市歡喜園
訪問人：陳婉真

白權於歡喜園歡喜解說。

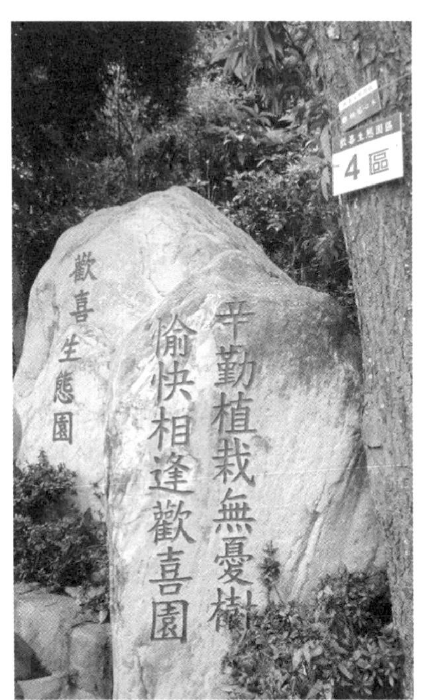

歡喜生態園區。

背景說明：曾任第五屆臺灣省議會議員，是那一屆彰化縣最高票當選人，曾是彰化縣形象最清新的政治新秀，與縣長的職位擦身而過，離開政壇後在八卦山種樹，取名「歡喜園」，因為凡事歡喜就好。

他種樹可不是歡喜就好，而是走遍全國，到處找尋，總計保存了9百多種的原生樹種。在2008年的8月8日，他把花了將近30年辛苦耕耘種植的歡喜園捐給彰化

屏東教育大學第三十屆傑出校友紀念合影。

縣政府，縣府也允諾設爲植物園，成爲彰化縣又一個休閒及戶外教學的好去處。

因爲這些不凡的經歷，他獲選爲母校屏東教育大學傑出校友的殊榮。

先讀農校，又讀師範學校，保送師大第一年讀理化，後轉工教系，畢業後任助教；接著辭職做生意，卻陰錯陽差投身政治界。這樣曲折的人生旅程，沒有很高的天賦加上自己的努力，一般人很難達陣。而且一生中大多數是學非所用，他的感慨很深，特別建議年輕人一定要做好生涯規劃，人生路才不會走得辛苦。

就讀師大時，經由老師的介紹，到二二八事件中在高雄殺人無數的彭孟緝家當家教，指導彭孟緝的兒子讀書。

那時他不清楚二二八事件全貌，因為二二八是禁忌。

有一次學生在每天日記中提到他爸爸升官快速的原因，據說和二二八鎮壓成功有關。他建議學生不要寫這些「大人的事」，彭孟緝的兒子從善如流，重寫。

他的岳父周天啓先生早年參加文化協會，曾成立新劇團，利用演戲（即當時所稱的「文化劇」）宣揚文協的理念；還曾參加「臺灣黑色青年聯盟」；後赴上海，表面上是經商，並擔任日人的「通譯」，其實是為國民政府從事敵後工作。

國民政府來臺後，周天啓擔任過彰化縣議會議員、議長，並任臺灣省臨時省議會議員，是彰化政壇赫赫有名的人士。

不過他和太太是戀愛結婚，沒有政治考量，當時也沒想過要從政，初入政壇純是因緣際會【註1】，其後中斷政治路倒可能和岳父有關。

政場的幸與不幸

一進白家大門，白先生拿出一個牛皮紙信封。是中國國民黨臺灣省黨部擬銷毀的文件。

「我卸下省議員職務後，一度到省黨部幫忙，某天看到工作人員拿出一堆文件說那些都已經超過存檔年限，要銷毀，剛好被我看到其中一份彰化縣內定提名名單，我保留到現在。」白權邊說邊指著文件。

信封還是省黨部的信封，文件也是當年的文件，明白寫著預定提名參選立委的第一人選是白權，第二名是謝生富和陳陽德二擇一。

那是1981年的事，那個年代國民黨提名誰，誰就當選。至於何以捨第一名的白權，大家心知肚明，因爲他的同鄉副總統有意見。只是謝生富雖然當選立委並一度政壇得意，2009年卻因涉「新瑞都案」入監服刑。白權雖然被斷送從政之路，卻因長年種樹親力親爲，是當今彰化縣同期政治人物中，身體最健康的一位。

早在1977年，也就是中壢事件發生那年，國民黨原本內定提名白權參選彰化縣長，可惜省主席謝東閔卻另屬意一個空降的候選人，導致選舉由無黨籍的黃石城勝出。

訪談中白權透露，那次省議員中脫黨參選最具代表性的許信良曾找過他，鼓勵他也脫黨參選，大家組成一個連線，被他婉謝；同屆的邱連輝則被許信良成功說服，脫黨選上屏東縣長。

訪談內容大要：

我是在1943年8歲時入學，就讀福興鄉大興國民小學，1950年國小畢業。日本時代的學制是一年三個學期，我讀到二年級第一學期過後，因爲不斷遭受空襲，躲警報躲了兩年，根本就無法讀書。

我們學校旁邊是飛機場，是聯軍轟炸的首要目標，因此，學校由原先的外埔村疏開到三汴村【註2】。光復後學校遷回來時是發動全體學生自行把課桌椅搬回來的。椅子是一個人扛一張，桌子就是兩人抬一張，慢慢搬回來。兩地的直線距離約有四、五公里之遠。

光復後臺灣又遭遇到很強的颱風，人稱「鐵颱」的襲擊，原先學校的竹管厝校舍全被吹倒，上課時只有以稻草編成的「風圍」圍住擋風，露天上課，一直到五、六年級校舍慢慢蓋好，才有教室可讀書。

難忘神風特攻隊

小時候覺得日本人的「大人」【註3】威風得不得了，任何人被「大人」打絕不敢還手。再就是家住在機場附近，日本人很多，但他們平時都住在機場裡面不出來。印象中我家附近有一堆堆的土堆，土堆下就是飛機的防空壕。

戰爭末期物資極度缺乏，家家戶戶都要把所有金屬上繳去做武器，連鐵窗也不例外。農家種稻的，收成後也要全數交出，再由政府按家戶人口數配給，自己不能私藏。很多農民為了生存還是會偷藏米糧，那就要塞在稻草捆裡頭，或是在牛稠的地下挖個洞，把米穀裝在甕裡後埋到地洞去。萬一不幸被查到，就找家裡年齡最老的出來頂罪。

那時番薯籤磨成粉再加水煮成糊狀，配空心菜湯，就是最頂級美味了。到後來每天躲警報，連耕種都沒辦法時，有人就偷殺牛來充饑。會不會被抓？抓到再說。再苦，日子還是要過。

國小二年級時，常看到很多日籍的飛行員出入，在小孩子的眼光裡，那些飛行員個個英俊瀟灑、帥氣挺拔，看他們那種雄赳赳氣昂昂的氣勢，很令我們羨慕；而他們看

神風特攻隊遺跡——白權的祕密基地。

我們小孩子可愛，也很喜歡逗弄我們。

我們當時配給的食物已經很少，這些飛行員們都還能吃米飯。他們的便當盒是兩層式的，一盒裝飯，一盒裝菜，有的飛行員會把他們的食物省下一些，拿給我們吃。

我家附近這個外埔機場是屬於陸軍所轄（鹿港另有一個屬於海軍的機場），是爲了戰爭臨時開闢的，戰後農民又各自把原是田地的機場回復爲農田。現在還留有兩個碉堡，已經列爲彰化縣的歷史建築。當時我們小孩子如果要逃避農事，就躲到裡面休息看書，躲一整天也不會有人來打擾【註4】。

日本人在戰爭末期的神風特攻隊，有一部分是從我們那兒起飛的。小時候我站在我們外埔村機場的這一頭，遙望番婆村那一頭的機場對面，常看到日本飛機臨出任務前，他們會全體集合奏樂，大家熱熱鬧鬧的歡送；飛行員看起來非常瀟灑，送行者全身著白色軍裝。起飛之後飛機會再繞回來一圈後才離開。那一幕現在想起來還很讓人動容。

後來回想起來，那就是送行和告別的儀式，這一去他們就不會再回來了。到現在每想起那一幕，都還很感動，那樣的場面實在悲慘。像這樣把一些儀表堂堂的年輕人讓他們去白白送死，人道上又將如何解釋？

光復後臺灣一度成爲無政府狀態。日本人離開後留下一些飛機，我們全村人幾乎都出動去處理飛機，大人拿鋤頭等工具，把敲掉的鐵器等拿去賣給「古物商」，換些零用錢，小孩就檢玻璃片來磨成各種小玩具，一台完整的飛機就這樣破壞了了，實在可惜，那時如果地方上有人出面，告知鄉民整架飛機的價值並好好保存，就不會發生這樣的遺憾事了。

好幾台牛車的屍體

我對第一次空襲印象深刻，因爲日本政府規定家家戶戶都要在自家挖掘防空洞，以便空襲時可以躲藏。就那麼巧，前一天剛做好防空洞，第二天飛機就來空襲了。

起初大家以爲是防空演習，都不當回事，很多人好奇的四處觀望，還以爲演習怎麼演得這麼逼眞，後來發現情況不對，才趕緊矇著頭蹲趴下來。

事後發現一位鄰居才結婚沒幾天，他家竟然前後各被投了一顆三百磅的炸彈，整棟房子全毀了，鄰居看到這種慘狀，呆在那兒一直哭。

因爲我們附近是日本的軍事重地，聽說這裡也是全臺灣第一個被集中火力空襲的地方。那次之後，一聽到派出所的警報聲響，大家趕緊躲到防空洞保命。

戰時神風特攻隊基地的外埔機場，如今只剩兩座碉堡突兀的座落稻田間。

其實戰爭到末期，日本的各項裝備明顯不如美軍。我記得有一天一大早太陽都還未出來，日本的轟炸機及運輸機就開始起飛，過不久美軍戰鬥機就來了，日本機一下子就被打下來。可見日本的雷達偵測不如人，他們大概以爲美軍是派B29轟炸機來轟炸，因此以轟炸機及運輸機飛出去迎戰，想不到派來的是戰鬥機，一下子日本的轟炸機就被打得一敗塗地，我們就在那裡觀看這精彩的空戰。

我後來聽說，我們從前臺灣人的房子都是紅的薄片磚屋瓦，日本人蓋的房子是黑瓦，聯軍轟炸時就以黑屋頂爲目標，臺灣人的房子他們比較不會去炸。

空襲中由外村調來闢建機場的工人死傷尤爲慘重。我記得第一次空襲不久，就看到他們用牛車一車車運送屍體，到附近的公墓草草埋葬。

我二哥那年18歲，被徵調去當兵。長輩聽說有妻子的就可以不用調到南洋，哥哥因而先結婚後才去入伍。

鄉下的習俗說新婚婦女不能守空房，我那年讀小學二年級，家人就派我去陪嫂嫂睡覺，一直睡了半年多，二哥才回來。

至於我的丈人周天啓先生早年參加文化協會。日本人聽說他懂普通話，派他去當「通譯」。我岳丈他們實際上是心向國民政府的，因此，表面上是日本人的通譯，其實是國民政府的臥底人員，後來他的身分暴露，趕緊帶著妻小逃到上海的法國租界，好在6天後日本人就投降了，回臺後他的敵後工作人員身分正式曝了光。曾擔任過臺灣省臨時省議會議員、彰化縣議會議員、議長等。

國府在接收臺灣時，啓用一批由大陸回臺的本省人，就是所謂的「半山」，譬如鄒滌之接收新竹、謝東閔接收高雄等。我岳父對這些人士頗有意見，因爲他認爲像他是在敵後冒著生命危險提供情報給政府的，而一些接收大員戰時多半躲在重慶等大後方，回來後搖身一變都成爲政治新貴。

他尤其對謝東閔有一件事非常不能諒解：臺灣省政府及省議會準備遷到中部時，原先是從八卦山沿線開始尋找適當地點，以當時彰化鐵公路交通之便捷，及各項條件之充分，理當成爲首選，謝東閔時任臺灣省政府祕書長，不但不敢提出設在彰化的建議，竟然連地點的選擇都不敢表示意見。有關這點，我岳父多次和王耀南、蘇振輝等彰化士紳一起時，也毫不諱言他的不滿。

我無從得知這事和我後來的縣長提名遭到他的反對，兩者有無相關，不過，我聽說我選省議員那次，他的票是投給我的，可見他起初對我並沒有特別的成見。

國語老師現學現賣

家母出生之年，正好是日本人來臺那年，所以光復那年家母剛好50歲。小時候常聽家母說，我們來自唐山，因此，光復後常聽老一輩長者很高興的說，我們可以回唐山去了。

光復後復學時很辛苦。以前是讀日本書，光復後改讀中文。我記得當時的漢文教材第一課是：「一人二手，一手五指，二手十指……。」，起先是讀臺語，因爲剛開始日本人都遣返了，只剩下臺籍老師，早期國民小學有的是高等科畢業就來當老師的，絕大多數不會講中國話。

後來有人來開設國語班，老師先去學，學了之後現買現賣來教學生，但小孩子學得比較快，老師國語還是說得不輪轉，直到師範學校學生畢業後派到國小教書，國小教育才得以正常化。

二二八時因爲我們住鄉下，只知道臺北有事，其他不知。但有聽到一些傳聞，其中印象最深的兩件事是：

其一，前大興國小校長鐘水獺先生的兒子鐘燦卿當時就讀彰化中學，事件發生後不久他跑回家躲起來，從此不敢再去上學。幸好他舅舅陳萬居，是日本的醫學博士，在宜蘭醫院當院長，讓鐘燦卿到醫院上班，娶了一位護士，後來回到家鄉，在埔姜崙開西藥房。因爲鐘校長在大興國小任職很久，爲學校奉獻很多，地方上很受敬重，因此這件事讓人印象深刻。

另一件事是我們隔壁鄉秀水的益源古厝，聽說他們家族有人參與，回來後躲到古厝前月眉池的涼亭下不敢出來，家人配合前來緝拿人士勸他出來，說只要去說明一下就可以，結果一去不回。【註5】

彭孟緝兒子的家教老師

我在師大二年級時，工教系一位教官介紹我到彭孟緝家當家教。教官應該事先已評估過，而我只知道一位彭先生請家教，指導他就讀再興小學五年級的兒子彭蔭功。當時彭孟緝就住在師大旁邊的麗水街。

第一次到彭家時，一到掛著「彭寓」的大門口，感覺是很大的豪宅。一進去就看到好多守衛的士兵。彭蔭功剛好有一題算術算不出來，請我幫他解題，我因爲教過國民小學，很快就解出來，就這樣一直到我留校當助教還繼續擔任他的家教老師，算算也教了五、六年。

我的家教其實只是幫他看每天的功課做得如何而已。看完沒事就可以早早回家，並沒有限定一定的時間。

每次到他家時，他們一定都準備三個杯瓶，一杯是白開水，一杯是冰塊，另外就是一瓶罐裝的可口可樂。純美式招待。

因爲我初到時，他們看過我的證件，知道我的生日。那幾年每逢生日，彭家就會送一大籃的蘋果到宿舍給我，全寢室室友人人有份，連那時還在談戀愛的太太都吃得到。第二年以後室友一收到蘋果，不待我回來就自行分配掉了。

彭家每月付我的家教薪水是5百元。有一次他們是用彭孟緝國防部的薪水袋裝錢給我，袋上他的本薪是8百元。後來我知道他當參謀總長的特支費每個月是20萬元。

我對四萬換一元沒有特別印象，只記得那年我剛好就讀秀農，註冊時家裡很煩惱。

有關三七五減租，我所知道我們附近的土地，不是林獻堂就是辜顯榮家族所有。村人幾乎全是佃農。

我聽說林家得知政府的土地政策後，因爲林獻堂的堂弟娶了一位鹿港崎溝仔（今東崎里）人爲妻，索性先把農地賣給佃農，因此，東崎里每位農民平均擁有的農地面積，至今還是鹿港地區最大的。

我也聽說，辜家在鹿港那間仿總督府的建築物（即今鹿港民俗文物館），早期叫「大和公司」，是專門收租及管理辜家財產的地方，人稱「公館」。

【註1】1972年，蔣經國擔任行政院院長，除積極倡導「十項行政革新」政策外，在政治上積極引進臺籍「青年才俊」（民間揶揄為「吹臺青」，與當時正紅的歌手崔台菁同音，意思是擅於逢迎吹捧的臺灣籍青年）。

1972年年底，臺灣省議會第五屆省議員選舉，在提名人選方面落實諸多蔣經國的政策指示，像桃園縣的許信良便是由中國國民黨年輕黨工人員中拔擢參選；彰化縣的白權和澎湖縣的高龍雄都是在當地救國團總幹事任內被提名參選，嘉義的簡維章及花蓮的吳水雲則出自教育界。

救國團是於1950年由蔣經國及李煥一手創辦成立，全名為「中國青年反共救國團」，不反共以後改名為「中國青年救國團」，雖是一個社團法人組織，兩蔣時代權力極大。

當年救國團系統所提拔的，有不少是跳脫傳統地方派系色彩，形象清新的候選人，令社會有耳目一新之感。只是，蔣經國及李煥應該都沒想到，當年他們提拔的許信良，不久後竟成為反國民黨最前線的戰將。

【註2】今福興工業區附近。

【註3】民間通稱警察為「大人」。

【註4】這兩個保留下來的碉堡，雖然被列為彰化縣的歷史建築，但一個是在稻田中，旁邊被鐵皮屋擋住一半；另一個更慘，被兩戶人家夾在中間，其中一戶要經由後門繞到前庭，才在角落上找到這個碉堡。

白權想找他當年進出碉堡的洞口，發現要繞出來這戶人家，再經過大馬路，走到隔壁汽車修理廠，再往裡面直走，才終於找到那個造就地方一個省議員的祕密基地出入口。

因為白權在地方名聲響亮，許多鄉民至今都還遵他為老大，他才能輕輕鬆鬆帶人去參觀，一般外人想來參觀這兩棟歷史建築，地點不好找是一個困難，恐怕找到時想進去近距離參觀，更將大失所望。

【註5】談到二二八事變，白權的夫人周美真女士說，二二八發生時，他們家住在臺北市館前街，她年紀雖小，還記得她家三樓空房一下子住進一些本省人，一下子又住進一批外省人。長大後才知道，當時父親這麼做，不知救了多少混亂中可能被打的人士。

名門千金　百年風雨

陳阮仁勉全家福

受訪者背景

受訪人：陳阮仁勉（陪同受訪人：陳少甫、邱幸香）
性別：女
出生年月：1915年7月22日
訪問時間：2011/11/8、2013/3/13
地點：臺北市陳宅
訪問人：陳婉真

背景說明：長榮女中畢業，是屏東林邊鄉阮家望族阮朝倫【註1】的女兒，嫁入屏東佳冬鄉四塊厝望族陳家，成爲清代文秀才陳道南的么媳婦。陳阮女士身體硬朗，兒子陳少甫先生說她89歲時還由他陪同登萬里長城。

陳家是屏東的大家族，陳阮仁勉的丈夫陳荻生那一代有4兄弟，分別是寄生、敏生、銓生及荻生。據陳少甫表示，因爲祖母的身教及言教，家族感情和睦，全體堂兄弟姊妹均按照出生先後排序稱呼，因伯公兒子最年長，稱老大，父親四兄弟的稱呼順延。兄弟財產不分家，卻導致耕者有其田政策推動時，絕大多數家族財產慘遭徵收。

陳家是戰爭及白色恐怖受害很深的家族，少甫的二伯寄生是詩人，戰前目睹諸多好友因「東港事件」【註2】被捕，本身也在被追捕名單，認爲與其被日本人打死，不如

前左1陳少廷母（銓生妻）、中陳寄生、右陳銓生、後左1陳荻生。

病死在家，因而染上肺炎卻拒絕治療而死，得年48歲。他的長女邱陳碧是邱幸香的母親，曾連任3屆屏東縣議會議員。邱幸香說，當年父親行醫，因不堪國民黨地方特務的不時「關心」，母親從政有免受騷擾的作用。

三伯陳敏生（1899～1963）畢業於臺灣總督府醫學專門學校，在臺北醫院（今臺大醫院）服務兩年多後回屏東

不同角落之靜園，景如其名，頗有沉靜之美。

林邊開設敏生醫院，曾任林邊庄庄長、戰後第一屆屏東縣議會議員，享年64歲。

四伯銓生爲日本法政大學法學士，因崇尚社會主義，長期被日本警察及情治人員跟監，1936年染上霍亂過世，享年35歲。是知名教授陳少廷先生的父親。

見證百年風雨

銓生在日本讀書時，把小他6歲的弟弟荻生一起帶到日本，因此，少甫的父親荻生中學就讀日本京都兩洋中學，大學主修電機，大學畢業後即返臺，結婚成家。原本受聘去日月潭發電廠工作，但少甫祖母反對而作罷。後因白色恐怖的身心煎熬，44歲罹患肝癌逝世。

陳阮仁勉在家族遭逢一連串變故後，一度家庭生計幾乎無以爲繼，她勇敢撐過艱苦歲月，子女均事業有成，家族於2013年爲她慶祝百歲生日，她也成爲陳阮兩家走過百年風雨的最佳見證人。少甫兄弟並於多年前成立荻生文藝基金會，是化傷痛爲力量的最佳典範。

陳荻生先生曾任保正，戰後佳冬鄉民代表會第一屆主席。據陳少甫先生表示，他記得小時候選鄉民代表時，鄉人拿著母親的證件去登記，母親根本沒出門拜票就當選了第七屆佳冬鄉民代表。陳少廷先生的夫人陳林瓊琚女士則擔任第六屆鄉民代表。他說，以當年陳家的聲望，支持誰，誰就當選，他們屬地方派系中的舊派。

訪談內容大要：

我是長榮女中畢業，幸香的母親小我兩個年級，我三年級時她一年級。我們上學要搭火車，從我們家到臺南要坐四小時，因此平常住學寮。

住學寮的生活很好，每個星期天去做禮拜，禮拜六就去逛街買東西，有時繡花或是裁縫課材料不夠，就要出去補充剪布買線等。

長榮女中是四年制。那時臺灣人入學不容易，還好有幾所教會辦的學校，譬如北部的靜修及淡江，讓臺灣人有更多機會升學。

長榮女中是英國人設的，校長叫 J. Galt，另一位老師姓Stone，他們都很好。長榮都講臺灣話，因為英國人老師不會講日語，我們就和他們講臺灣話。

邱幸香（以下簡稱香）：我知道有一位劉主安校長……。

陳阮仁勉（以下簡稱勉）：他是我們的化學老師，後來到英國讀博士，再回來當校長，那是我們畢業後好幾年的事，那時因為戰爭，英國人已經回去了。

戰爭中我第二個兒子少宏剛出世，做月子一整個月都嘛在防空洞裡。

我們家院子有一個很大、很深的防空壕，我們在裡面鋪總鋪【註3】，全家大小都睡在那裡。我那個小孩子剛出世，怕被不小心踩到，我就拿兩條椅子併在一起放在總鋪上，當作嬰兒床。那時少甫都還沒出生呢。

空襲時吃也吃不好，睡也睡不好，一些衣褲用品等都移到防空壕邊，不敢放在家裡。因爲美軍掃射的目標是房子和人，無人的空地不會掃射。我們鄰居就有一對夫妻被掃死。很可怕，大家都很害怕，農田也不敢去耕作，就讓它荒廢。

我們家附近就是機場【註4】，軍營緊臨我家，軍方還借用我家後院約一甲地作爲兵營，大概有上千名兵仔住在那裡，我們家裡騰出一間客廳給他們的隊長作爲睡房，另外一間穀倉讓他們作棧間（倉庫），放置一些油、米等物品。兵仔對我們很好，天天在我們家進進出出。戰敗要回去時，我說你們的腳踏車很好，能否賣給我們，他們說不行，那些要交出去，只送我兩卷縫紉用的線。

因爲部隊的需要，軍方在我們的土地上用杉木蓋辦公室，日本戰敗後就還給我們，我們一直把那間杉木辦公室保持完好，最近整修得很漂亮。

那時我們家有收音機，我先生是讀電機的，他自己製作了一台收音機，隊長的侍衛聽到收音機得知日本戰敗，哭得很傷心。隨即就把那些油、鹽、糖等一大堆物資都清點後，交給來接收的國民政府。

日人時代治安很好，不像現在，囝仔都會殺死人，當時只要做賊被抓就打，打到哎爸叫母，治安比現在好很多。

白鳥軍團來借住

陳少甫（以下簡稱甫）：駐紮在我們那裡的團部叫做「白鳥軍團」，他們借用的房間就是白鳥軍團團長住的。

勉：那個隊長對我們很好，空襲越來越厲害時，他建議我們要疏開，還用他的車幫我們載一些日常用品到內山，我們蓋幾間房子在那裡，也挖了防空壕。當時如果不疏開，也許會被炸死。

香：五叔公當時爲什麼被抓？

勉：那是後來的事。第一次是60年前還未生小女兒時，就說他們一群人逃亡的費用是我先生供給的，那次關一個禮拜。後來又要來抓，他去溪邊人家的鴨寮躲了兩夜；不久又來抓，被關一天。

小女兒周歲時，又有五、六個人來，這次是全村挨家挨戶的搜索。

第一站到家裡時問說：「人呢？」

我也不知道竟然自己會回應說：「昨天生病，去屏東看醫生，沒有回來。」

「爲什麼棉被是熱的？」

我說：「我和兒子在睡覺，棉被當然還是熱的。」

家裡找不到人，他們就開始逐戶搜索，無論房間、浴室、廁所都不放過，還好他去躲在我們一個從前的薪勞【註5】家中，他家裡有一棟房子連接一間拖棚【註6】，他躲在拖棚裡，薪勞從外面把門鎖起來，就只有那間沒有被搜到，此外全村二、三十戶每戶都被徹底搜索。

甫：我爸爸是躲在薪勞家的米甕裡，躲進去之後，他把米甕的蓋子蓋起來，再把米甕上鎖，就只有那個米甕沒查。

勉：幸好那次沒抓到，抓到的話就被打死了。

甫：那是1951年的事。罪名是以金錢資助嫌犯，嫌犯就是蕭道應【註7】。

蕭道應是很有名的法醫。他主張臺灣應該和中國統一。他是中共黨員。後來他在臺北通化街開業，我們去看病時，他都不拿我們的錢。很有名的「武漢大旅社案」【註8】他是關鍵人物。

勉：他們有情報說蕭道應的妻子躲在我們庄裡，所以全面搜捕，非要抓到人不可。

我老爸在二二八事件時也被抓去打到全身是傷，兩腳無法走路。

甫：我外公叫阮朝倫，那時當記者。

勉：阮朝日是我二叔。當時李萬居擔任報社社長，我二叔是總經理，二叔在睡夢中被帶走，死在那裡也不知道。

二叔是在臺北報社被抓，我老爸是在林邊竹仔腳。打到全身都烏青，我聽到消息回娘家看他時，還無法下床。

黑白掠，黑白賴

甫：老爸那次沒被抓，後來在外面逃亡逃多久？

勉：半年，半年後有工作人員來要這些「反亂者」自首，蕭道應他們5個人去自首後就沒事了。黑白掠，黑白賴。我先生根本都在佳冬，未曾出門，在此之前他根本不管政治，事件後他才全心去參與政治。

甫：清鄉後政府安排他們任公職，所以我老爸後來任佳冬鄉鄉民代表會主席及農會理事長，我外公阮朝倫爲林邊鄉民選第二屆鄉長，民選第一屆是我三伯陳敏生。陳少廷的爸爸叫銓生，是我四伯。好像他在日本時代是臺灣共產黨員，也曾被抓去關一陣子。這事問陳少廷較清楚。

香：我阿公（陳寄生）日治時期也反日本政府？

勉：你外公那時也被抓去關，關到生病才放他出來，他不肯吃藥，說他寧可死在家裡【註9】。

甫：那是日本時代的「東港事件」，又稱「高等事件」。依我所知，有關於這些政治迫害事件，長輩並不願讓婦女知道太多，以免惹來更多麻煩，因此有些事情母親也不是很清楚。

勉：妳外公會開藥單，免費幫人看病。

甫：他很有才華，是有名的詩人【註10】。

香：我記得阿祖70歲時，全臺灣一百多位詩人寫一百多首詩來爲他祝壽，我小時候看過那本詩集，可惜現在找不到了。

甫：要怪只能怪妳媽媽，那時我還沒出生，妳舅舅、阿姨都很小，老爸的東西，最後竟然被別人拿走，可惜我們家族都沒有人保留。像我母親寫的毛筆字也都沒人保留。

香：她自己一堆三七五租約都沒保留了，何況外公的詩。

勉：你說白色恐怖時娘家婆家都有人遭連累，我是怎麼走過來的？那時一心一意只想到要好好照顧這幾個小孩，想說再辛苦也要度過。

香：我記得小時候到您們家，看您們的生活非常辛苦。

勉：無法度，那時土地都被徵收光了，我先生又生病，錢都花光。沒錢，只好先去借錢，再飼豬賣豬還錢，所以經常做到三更半夜，人家都睡了，我還在做。

香：的確很辛苦，我常看您斬香蕉莖飼豬，香蕉莖那麼重，您一個人竟然扛得動。

甫：也因此才有今天的身體，您如果當年沒那麼操，那能保持身體這麼健康？

香：千金小姐咧，那一段時間日子卻過得那麼辛苦。

勉：事情碰到了，什麼都要做。清香蕉園，刣豬……，我什麼都做。有一次在田裡淹田水，我赤腳查看水田淹到什麼程度，一條蛇從我腳邊鑽過去，此後我不敢再赤腳走在田裡。那時巡田都嘛要赤腳。

有一次隔壁田的人竟然把我的田水堵往，我很生氣，又把水堵回來，不讓水流下去，堂堂男子漢，欺負我這個女人，眞是的。

甫：家裡男主人過世，小孩子好幾個，都還那麼小，那種日子眞的很難過。

香：年輕及後來這些年都很好命，中段最辛苦。

為母則強

勉：我有6個小孩，3男3女。少甫是最小的兒子。兒女都很孝順，這是最令我感謝的。我先生大我5歲，我39歲他就過世了，那時最小的女兒才3歲，沒辦法，事情碰到就要有所覺悟。

香：我記得您說過您要一直住在四塊厝仔【註9】，不住臺北。

勉：少甫說：「你一個人在那裡，萬一身體欠安，兄弟面子要往那兒擺？」

我60多歲才到臺北，之前都一個人住在屏東。還好到臺北，否則84歲時，因肝長瘤不自知，兒女細心照料，緊急開刀，生命才保住。

香：三七五減租時好像有很多土地被放領？

勉：政府要放領有什麼辦法？當時規定如果是自己的名下自己耕種就可以保留，我們因爲兄弟感情很好，不分財產，所以土地都登記在我公公和寄生、敏生的名下，後面這兩個都沒有財產，我們是因爲我自己在耕作，才能保有一點點。後來大家分家之後，我們的下一代總共有13個小孩，我們這一房只登記我大兒子少屛的名字，才能保留自己耕作的五、六分土地。

香：這麼一點點喔？總共被放領多少土地？

勉：8甲地全被放領光。我公公手裡攏總有40幾甲。每個兄弟分十幾甲。

你阿祖時代所有的田地早就被他哥哥賭博賭輸掉了，

是我婆婆留一些私房錢，再慢慢買排水溝、買土地……，慢慢積累了這40多甲地。

很無道理的是，如果地主自己有10甲地，全都是自己耕種，也只能保留3甲。就是這樣我才會那麼辛苦。先生剛死兩個月，就都被放領光了。我自己田地5分，厝地5分，厝地有佃農居住，我就賣給他們。

土地沒有了還要繳稅金，光是稅金就花掉我1分多的土地，只剩4分，不繳的話被罰更慘，我被放領七、八甲土地，一年只能收回兩千斤稻谷的錢，怎麼生活？沒了土地還要多花錢，足痛苦咧。

四萬換一元時我先生還在，原本銀行有一些存款，也不會去領來買東西，都貶掉了。幸好還有8甲多的稻穀收入。

比起來反倒是日本時代都不用煩惱，豬、魚等都自己養的，幸香他們家要吃什麼豬肉魚等，都嘛是我們拿去給他們的。

我們自己有魚塭。不過是和人合夥的。後來賣掉，我們好像分到4千塊。

【註1】阮朝倫（1893-1958），林邊庄竹仔腳（今林邊鄉竹林村）人，畢業於臺灣總督府農事試驗場甲科，曾任保正、土地整理委員、林邊信用組合監事、自治改正後第一屆庄協議會員、高雄州青果組合代議員、評議員等職。戰後出任林邊鄉副鄉長及間接選舉第一任鄉長、調解委員等職。《林邊庄鄉賢》形容他秉性溫和，熱心地方公益。

【註2】「東港事件」又稱「高等事件」、「特高事件」。太平洋戰爭爆發後，日本人唯恐臺灣人和中國或聯軍裡應外合，加上軍方鷹派勢力抬頭，總督府乃縱容日本高等警察採取白色恐怖鎮壓。高雄州因為地理位置敏感，許多日軍和日僑集中此地，據說聯軍也最有可能在此登陸，因而由高雄州特高組長警部仲井清一為首，先後在東港、新園、林邊、佳冬，以及鳳山、旗山和旗後等地，製造所謂「高雄州陰謀叛亂事件」，臺灣南部地方仕紳、知識精英甚至好發議論的販夫走卒幾乎無一倖免，有183人陸續被捕，無不遭受毒刑拷打，有數人被活活打死；日本檢警等相關單位互相勾結，審理本案時間長達3年，判刑的主犯中，僅張明色、郭生章、陳江山、周慶豐4人，在日本投降後得以生還出獄。戰後日本政府悉數銷毀相關資料。

本案因牽連甚廣，在泛稱的特高事件中，又細分為依地區別而有不同名稱，如：「東港事件」、「鳳山事件」……等。

總督府在戰時因不願事態擴大，曾約束主導辦案的特高，將打擊面限縮在濁水溪以南，濁水溪以北的賴和是唯一例外。

日本投降後，受害者於1945年11月7日，在東港鎮中山堂召開追悼復仇大會，決議向政府提出告訴，並呈狀請求賠償及慰藉。「東港事件冤獄復仇委員會」向高雄縣政府所提訴呈內容如下：

「竊民等素對日人警察官吏，不交際、不逢迎，是以被認為民族意識顯然，而抱有反感日本統治之意思濃厚，致常被監視。自中日事變以來，高等警察日夜監視民等之行動，竟用幫兇（密偵）捏造事實，採為報告之資料，迨至日本惹起對美英戰爭以後，竟深為其所注目，臆測民等乘機煽動民眾叛亂，乃假違反治安維持法（國體變革，及臺灣脫離日本統治運動），自民國31年5月起，至民國32年9月止，其間檢舉民眾或為主犯、或為從犯、或為證人，施其毒手，橫加拷問，用盡種種酷刑，屈打成招，置良心道德於不顧，只知濫用職權，肆行無忌。最可恨者，警察、官吏、檢查官、判官等一律上下勾結，因而申訴無門，被毆致死者有之，銜冤投獄而致病死或暴死者亦有之，因受拷打而致久病不治者，更不計其數，身受者慘不忍言，聞之者莫不眥裂髮指。似此罪惡之徒，不加嚴懲，何能警戒將來？」

東港事件受難者出錢出力，對懲凶一事甚為積極，將凶嫌逮捕後，送交高雄地檢處拘押，不料未審理前，這一批嫌犯在「以德報怨」政策下，被遣送返日。僅元兇特務頭子仲井清一，被一群憤怒的報復者架到半屏山，凌遲致死。

【註3】「總鋪」是臺灣早期很普遍的臥室大床，通常是把整間臥房除了走道之外全鋪上木板，有點類似後來的和室，但高度約為紅眠床的高度，大約離地50公分高，昔時因為家庭人口眾多，一間「總鋪間」可以睡全家人。

【註4】機場在石光見，今佳冬鄉中山路屏東縣政府警察局附近。

【註5】臺語稱受雇者為「薪勞」。

【註6】即房屋邊加蓋的小屋。

【註7】蕭道應（1916-2002）屏東佳冬人，臺北高等學校、臺北帝國大學醫學部卒業，是前中央研究院院士李鎮源同班同學。在高等學校時即為共產黨地下黨員，1940年和愛人黃素貞潛赴中國參加抗日，遭國軍逮捕險被當成日諜處死，經臺籍客家元老丘念台出面保釋，1945年回臺，出任臺大醫學院法醫學科主任，1950年臺大醫學院發生白色恐怖事件，多名醫師被捕，蕭辭職，於1952年被捕後，選擇「自新（改過自新）」，白天出任調查局法醫，晚上在臺北市通化街開內科診所看診，1978年由調查局退休，轉任法醫顧問直到過世。

【註8】1959年7月18日，臺北市知名的武漢大旅社經理姚嘉薦被發現吊死在旅社2樓，刑事局法醫葉昭渠認定是上吊自殺。5個月後調查局認為本案涉及匪諜案，經法醫蕭道應認定姚是被注

射3針農藥致死，旅社負責人黃學文夫婦及5名合夥人、員工被捕。黃學文被刑求逼供，關15年後裝瘋獲准保外就醫後棄保逃亡美國。黃學文被8度判處死刑，歷經9次更審，官司纏訟46年，創臺灣司法史上最長的訟案。擔任刑事局法醫的葉昭渠也因本案下台，由楊日松接替他的位子。蕭道應則擔任調查局法醫直到退休，為白色恐怖時期少見得獲「善終」的「自新」人士。

【註9】據陳寄生的女兒陳淑貞表示，她父親是因為害怕被抓而寧可病死。唯當時她就讀屏女高一住校，應當是朝夕相處的陳阮女士的說法比較準確。

【註10】陳寄生（1896-1943），漢學造詣深，1920年起，獲選佳冬庄協議會員，督促庄政的發展。並曾任保正、方面委員、高雄州青果同業組合評議員、臺灣青果會社代議員、信用組合理事和農事實行組合長等職。

陳寄生喜好吟詩，曾於1938年與好友創立「東林吟會」，由東港及林邊兩地吟人輪流開會擊缽，陳寄生任社長；並於1940年組織「興亞吟社」，林又春任社長。

他平日為人熱心，喜歡臧否時事，而遭受日警嫉忌，編入危險份子之列。東港事件憤恚而死後，友人許成章曾寫〈哭靜園詞兄〉、〈荊杞歌〉兩首七古長詩悼念摯友英年殞命。

【註11】屏東佳冬鄉地名，是陳家祖厝，四塊厝的地名也是由於陳家祖厝而來，是傳統三合院建築，因陳阮仁勉的公公陳道南（1866-1914）係清朝文秀才，祖厝門楣上有「梅魁」兩字，近年陳家後代加以整建，八八風災遭到重創後再度整修，可惜家中許多珍貴史料及照片都因水災而流失或損毀。

瘖啞村

（左）陳曾錢與兒子陳禎和（右）

受訪者背景

受訪人：陳曾錢、陳禎和出生年月：1920年；1942年

訪問時間：2012/4/16、2015/1/23

地點：彰化縣溪州鄉陳宅

訪問人：陳婉真

背景說明：二戰末期，臺灣遭受美軍密集轟炸，雖沒有日本本土的慘烈，有些地方相去亦不遠。彰化縣的溪州鄉因爲有製糖會社，附近又有飛機場，空襲無日無之，最嚴重的一次是製糖會社被炸，據多位受訪者說，大火連燒3天，煙霧彌漫，遠在二林、溪湖、社頭等地的人都聞得到蔗香味。

陳家世居溪州，陳曾錢是竹塘鄉人，丈夫陳滿曾任溪州鄉農會理事，對農作物的栽培很有研究，多次獲得日本時代的「自給肥料增產增殖」、「米多收競作」等獎賞；國民政府時代的「農業耕作技術優良」、「率先示範增進農村生產貢獻獎」、「經營肥料示範田成績優良」、「稻作生產競賽頭等獎」，及八七水災服務隊協助重建有功等無數獎狀。

她的長子陳義松曾任職於彰化農田水利會，是資深農耕隊的草根大使，加入農技團數十年，派駐所羅門群島、甘比亞、聖克里斯多福、印尼、吉里巴斯等國推廣農作，

陳曾錢丈夫陳滿對於農作物的栽培很有研究，獲得多項農作獎項。

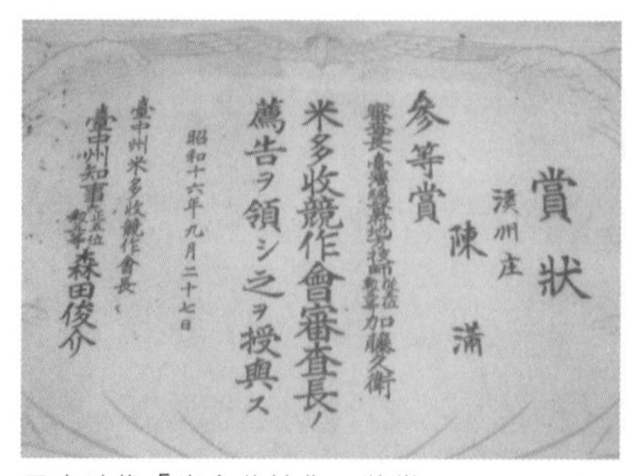
賞狀
溪州庄 陳 滿
參等賞
米多收競作會審查長ノ
薦告ヲ領シ之ヲ授與ス
昭和十六年九月二十七日
臺中州米多收競作會長
臺中州知事 森田俊介

日本時代「米多收競作」獎賞。

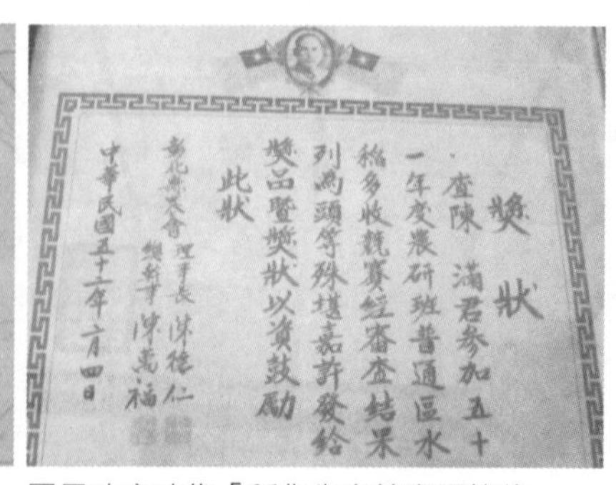
獎狀
查陳 滿君參加五十
一年度農研班普通區水
稻多收競賽經審查結果
列爲頭等殊堪嘉許發給
獎品暨獎狀以資鼓勵
此狀
彰化縣農會 理事長 陳德仁
總幹事 陳萬福
中華民國五十一年十月四日

國民政府時代「稻作生產競賽頭等獎」。

於2005年獲頒總統府三等景星勳章。陳禎和是他的次子。

陳禎和說，他因爲讀書時一個字寫錯就被老師打20個耳光，而不再上學，但喜歡研究。四十多年前因爲母親有高血脂，他聽說喝醋可以改善體質，但市面上很難找到眞正純釀造的醋，決定以自家栽種的稻米，開始研究製造純米醋，這一做讓他成爲釀醋達人，如今他的醋遠近馳名，很多大學教授也來找他，和他交換製醋心得。

訪談內容大要：

新生嬰兒全是啞巴

陳禎和（外號「阿木」以下簡稱木）：我母親今年93歲了，身體好得很，頭腦也很清楚。她名叫陳曾錢。

先父名叫陳滿，你看他們夫婦的名字既有錢又圓滿。他們人如其名，我父母親的家境尚稱小康。

陳曾錢（以下簡稱錢）：我娘家父親有12甲多的土地。

木：我阿公蓋的紅瓦厝很漂亮，至今還在，已經可以列入古蹟了。

陳禎和為了母親健康，開始研究釀造純米醋。

錢：那是我父親蓋的，在我們竹塘老家。

我家兄弟姐妹共有4男4女，我是老么。

空襲最嚴重那次，我印象深刻的是，有一位娶埤頭吳家女兒的鄰居，剛搭著「海仔」【註1】由太太娘家回溪州，半路遭到密集的掃射，丈夫立刻要太太跳出車外，先躲在刺仔埤圳溝【註2】邊不要動，他自己雙手各夾著一個囝仔也躲起來，結果妻子因爲太緊張，一邊哭叫一邊跑，剛好成爲最好的掃射目標，立刻被打得肚破腸流。那次空襲我們家有一堵牆被擊倒。

那一陣子因爲空襲太密集，每天心情緊張，我那時剛好懷孕，後來生了一個女兒，生下來就是啞巴。

木：是我妹妹，1945年出生，屬雞。那一年我們村裡所有新生嬰兒都是啞巴，有一家兩個媳婦，生了兩個啞巴；我們隔壁鄰也有好幾個人，都在那一年出生，不是軟骨就是啞巴，要不就是頭腦有問題。

錢：戰爭太緊張，每天要躲警報，又吃不好。老人家說我們的生命是活鐘點的，這個小時還活著，就算你命大，誰也不知道下一個鐘頭自己是死是活，我們很多鄰居親戚就是這樣，早上還好好的，中午就被炸死了。連胎兒在肚子裡也不安 ，才會生出啞巴來。

木：那年生的沒有一個正常的，不是啞巴就是頭腦壞掉，很可憐。我們啞巴仔12歲才會走路，是因爲我爸爸給她吃很多補品，現在身體好得很。

錢：的確，我們附近有很多啞巴，有的現在還健在。我們家啞巴仔她只是不會講話，很聰明，我們說什麼她都知道。

木：最近因爲大家年紀都大了，我們兄弟每人分攤一點，把她送到北斗的安養中心讓專人看護。

錢：她在那裡很快樂，護士都會幫她打扮，一下幫她擦指甲，一下幫她化粧，對她很好。也比較有人陪伴，逢年過節阿木會去接她回來。

邊躲警報邊種田

空襲時我們都要去做工，物資都要配給，每天早上出門前，我先準備米香腳（爆米花），及一鍋番薯籤粥放在防空壕裡給小孩吃。一天就吃這麼一餐。

因爲物資管制很嚴格，我們把自己生產的米藏在廚房，用甘蔗頭蓋起來。

木：那時煮飯都要燒柴火，甘蔗頭是用來當燃料的。我們把廚房一角堆柴火的地方清空，先挖一條溝，底下先鋪甘蔗頭，中間放上我們自家生產的稻穀，上頭再蓋上甘蔗頭及甘蔗葉，僞裝成柴堆，以逃避檢查。

錢：甘蔗頭曬乾之後變得又厚又硬，蓋在稻穀上，蔗頭的上面再堆一層甘蔗葉，他們即使用叉子猛力刺，也刺不到底下的米。

木：他們晚上還會用舂米的木杵來搗，運氣不好被查到的，就被抓去打得半死。

我那時很可憐，大人外出去做工，我在家裡又要揹一個妹妹又要負責煮飯洗衣，每天限定只能煮一把米，其他只能用番薯籤，小孩子喜歡吃米，有時忍不住偷吃一點，大人回來查覺就會被揍，說我偷吃，眞可憐。

我家有2甲3分多的農地，雖然自己有米，還是要省著吃。那時很可憐，小孩子幫大人把豆桿、蔗葉及稻草綁成一捆一捆的，還要堆疊好，辛苦一整天所得的報酬才幾分錢，還不夠買一支枝仔冰。

陳婉眞（以下簡稱眞）：您們當時去做什麼樣的工作？

錢：我們自己務農，天天都要到田裡工作。每天早上8點，美軍準時來空襲，我們就趴在圳溝邊躲藏，飛機走了再繼續工作。

眞：您們種了哪些農作物？

木：隨便種，有水稻、甘蔗、花生、番薯等。

眞：我聽說物資管制時，農人要種什麼作物都要經過許可？

木：收成後要交給政府。管制得很徹底，連鐵窗都要拆下來交給政府去打造武器。

錢：那時的日子很苦，但吃的東西很安全，不用什麼防腐劑，有時自己醃製的豆腐乳長蟲，都嘛把蟲拿掉，豆腐乳拿來煮滾再配魚餔仔，大家也吃得津津有味。

人才埋沒太可惜

眞：好像日本時代就有使用農藥了。

木：說起來我家是彰化縣第一家使用農藥的農家。戰後不久，我爸爸耳聞其他縣市的水稻得了一種病，有一次，他看到日文刊物中談到有關稻子黃萎病的報導，也就是一般通稱的水稻紫色病，一般發生於二期作，特別是颱風過後，因爲風吹得很強勁，在風吹的過程中，很容易感染一種由稻田旁邊的雜草帶來的病毒。他和臺中農業改良場人員討論後，提議採取附近農田共同防治的方法，並從我家開始試辦。

他說服農民說，這種病就譬如我們人體皮膚受到破傷風菌的感染，如果不治療，萬一破皮就會致病，結果鄰居中有1戶不肯出錢，那年他的稻子全部無法收成；而父親負責試辦的60甲稻田都安然無恙。因爲非常成功，不但媒體報導，連當時的臺灣省主席周至柔都特別來視察。

中國農業推廣學會得知後，決定在全臺舉辦10場各縣市農事研究班的講習會，邀請爸爸去作巡迴演講宣導，結果某位教授不服氣，在講習會上抗議說，水稻病株的樣品送到日本化驗，結果還沒送回來，怎麼就開始舉辦講習，父親一氣之下就回來，不講了。導致後來農民很可憐，有需要時還要自費到我家來，請老爸去指導。臺灣的情況就是如此。但後來學會還是送給父親獎金及獎狀【註3】。

曾經有日本的農業專家到我們家考察後搖頭說：「眞可惜，這樣的人才埋沒在這個鄉下。」父親從日本時代到國民政府來之後，得過無數的獎項，牆上這些只是其中的少數。

我哥哥畢業於員林高農，1965年度招考草根大使時，因爲他的英語很好，得第1名，但照規定要大學學歷才能擔任農耕隊，後來他先到美國參加「美國國際農村青年交換計畫」研習6個月，再到菲律賓進修，取得大學同等學歷才解決這個問題。他到過非洲擔任農耕隊隊員，也曾擔任善化的亞洲蔬菜中心副主任、主任。

錢：我丈夫14歲時爸爸就過世了，她母親纏足，無法耕作，第二年就分家。

木：我阿公原本要送老爸去日本升學，不幸過世，那時父親才剛從高等科畢業，還是小孩子，分家時好一點的農地都被我伯父分走了，因爲伯父說他已經從事農耕好幾年，比較會做，所以好的田都分給他，留下比較不能耕作的農地給爸爸。

只有一人活著回來

我父親差一點去南洋送死，因爲他原本想去當兵，還好兩位長輩特地到家裡來勸我爸爸說，日本人快要降伏了，千萬不要去赴死。

錢：因爲日本政府開始在臺灣徵兵後，他有好幾個朋友都去擔任軍伕。丈夫因爲父親過世，無法到日本唸書，原本也想去應召當兵，幸好有兩位長輩到家裡來勸他不要去，說這一去必死無疑，丈夫因此申請緩徵，就在輪到他出征的前一批還沒出發，日本就投降了。

那批出征的人都被派到海南島，只有1個人活著回來。據他說他在戰場上也曾遭到攻擊，脖子被砍一刀，所幸他把旁邊戰死的戰友屍體拉過來蓋住身體，才逃過一劫，還經歷過吃香蕉莖、吃蟋蟀的慘境，才終於回到臺灣。他現在還活著，現在住鹿野。其餘我們村子去的人全部戰死。

眞：十幾個人有嗎？

木：不只。那時徵兵是一批批徵召，分批出征的，總共分好幾個梯次。我們這一村的青年全都派去海南島。

經過這次死裡逃生，我父親在他有生之年盡力做很多好事，舉凡村子裡的人家有什麼大小事，他都主動去幫忙，村人稱他爲「包公」，如果有人家有喪事而家境不是很好的，他會去協助請棺材店少收一點或請人捐贈，棺材店送他紅包他都不收。他一生在外面吃飯的次數算得出來，每有人有事相託，暗示說中午會有一頓好料，他一律拒絕不接受。擔任農會理事時，餐後上酒家續攤的，他絕對不去。

錢：鋪橋造路他也做，他這一生做了很多好事。

眞：我聽說美軍來轟炸時，會看屋頂是紅瓦或是黑瓦的房子，因爲紅瓦厝通常是臺灣人的民宅，比較不會丟炸彈，有這回事嗎？家裡曾被丟過炸彈嗎？

木：他們是要丟（製糖）會社，我們不幸被波及。

錢：家家戶戶窗子都要封起來，要不就要用黑布遮起來，或是貼黑紙。

眞：我還記得小時候到臺北外婆家，他們家使用的電燈周圍都要塗黑，只留下底下一面可以透光。

錢：是，窗子、燈光全都要塗黑，弄得整個屋子裡烏七抹黑的，避免成爲轟炸目標。

陳：一天來掃射幾次？

錢：早上8點是固定的，有時一天會來好幾次，掃死好多人。從前的人眞的是活鐘點的，隨時可能被掃死。一聽說要來掃射，大家都很煩惱。家裡也不敢住。

陳：我聽說溪州會社被炸時，連燒好幾天？

木：因爲除了會社之外，我們這裡種甘蔗的很多，甘蔗葉子很容易起火燃燒，炸彈丟下來一燒就不可收拾。

不如讓日本人來管

木：不久就換朝代了，起初大家都很歡喜可以回到祖國。

錢：可是他們來沒多久社會就越來越亂，有人被搶，也有很多小偷，治安很不好，以前即使戰爭中也不會這樣，那時才覺得，不如讓日本人管還好。

眞：您們這裡有沒有兵仔來？

木：怎麼沒有？本來要借住我家，父親推說要放粗糠，無法借給他們；叔父借了，結果女兒嫁給了外省人。那時原本規定家家戶戶都要提供住宅借給兵仔的。那些兵仔生活習慣和我們不一樣，他們一天吃兩餐，早上7點及下午4點而已，可能在中國糧食不足吧。

錢：日本時代警察管理得很嚴格，老百姓做不好的，立刻要他下跪，用桿子壓小腿肚，再壞就抓去關，比起來現在越來越亂，亂七八糟。日本時代好多了，不會亂來。

眞：四萬換一元記得嗎？如何換？

木：他們來不久物價就不斷上漲，印鈔票都來不及，後來是用「土符仔」取代現金，就是銀行用寫的支票當作現鈔使用，有的一張就是十萬塊錢，我記得小時候老爸要我去買東西時都用「土符仔」。我父親在的時候，家中財務都是我父親在處理，她只知道「土符仔」，其他她不清楚。

陳曾錢63歲去馬來西亞探視在農耕隊工作的大兒子，回來時兒子送到機場，她一個人回到臺灣。

眞：三七五減租您們有沒有影響？

錢：我先生15歲就開始自己種田，對他來講，土地比他的生命更重要，他非常有興趣做農穡，我們共有2甲3分多的土地，都是自己耕種，沒有被放領。

【註1】「海仔」（臺語發音），係日本時代遺留的外來語，原文來自英文的"hire"，即出租汽車。在1940年代轎車非常稀少，有時也作為轎車之通稱。在那個年代，開得起轎車的人不是高官，就是巨賈。

【註2】刺仔埤圳是臺灣第一條官設水圳，也是彰化縣僅次於八堡圳的第二大灌溉系統，從溪州鄉取濁水溪水，灌溉彰化縣西南

地區。幹線39公里，支線211公里，分線148公里，這些大大小小的水路延展於溪州、埤頭、二林、芳苑、竹塘、北斗、大城等聚落，灌溉沿線18850公頃農田。（請參考「守護水圳：http://hsichou.blogspot.com/2011/07/blog-post_14.html」）

【註3】中國農業推廣學會，於1962年頒發給陳滿的獎狀內容為：「查臺灣省彰化縣陳滿先生，從事農業推廣教育義務指導員工作多年，擔任水稻共同防治隊隊長，工作熱心，效果宏大，領導農業研究班，及充任示範農家，對於增進農業生產貢獻宏偉，無酬從公，殊堪嘉許，經本會褒獎委員會推薦，並經理監事會核定，特頒給51年度優良農業推廣人員獎金及獎狀，以資表彰。」

芋仔園裡的番薯仔

（左）曾金海和兒子曾明財（右）。

受訪者背景

受訪人：曾金海、曾明財
出生年月：1929年3月
訪問時間：2012/4/12，2015/1/3
地點：臺中市曾宅
訪問人：陳婉真

背景說明：在一般的印象裡，眷村住戶清一色是外省軍人軍眷，直到這次訪問時，頭一次得知，原來也有臺籍軍人住在眷村。

新聞界的朋友曾明財常告訴朋友說，他是在眷村中長大的。每次他這麼說，旁人的第一個反應是：「原來你是外省人啊，臺灣話說得那麼好，不簡單。」

這倒引起他一探究竟的決心：爲什麼住眷村的清一色是外省人？爲什麼他們從前居住的眷村卻有一些「番薯仔」？除了他們那個眷村之外，其他眷村有沒有臺灣人居住？

最後一個問題的答案是：目前所知似乎只有他們那個眷村有少數幾戶臺灣人居住過。

曾金海先生是阿財的老爸。新竹縣人，年少時一心一意想當兵，1943年日本政府在臺灣召募八千名少年工時，他因已從學校畢業而錯失良機；不久，日軍召募赴南洋群島的海軍工員，他兩度參加學科考試都過關，體檢卻未通過；也曾報考「神風特攻隊」，因身材瘦弱，以及年紀太小，未獲錄取，令他傷心不已。

當飛行員是他最大的夢想，雖然夢想無法達成，維修飛機卻成爲他一生的職業，靠著他靈巧的雙手，爲國家節省了不少公帑，也成就一個美滿的家庭。

訪談內容大要：

很多過往，都是因爲我們剛好碰到那個時代，沒有多少選擇。那時的年輕人因爲從小接受日本教育，覺得從軍報國是很光榮的事，都嘛一心想去從軍。

一心一意想從軍

我在1942年國民學校畢業，那年14歲。日本時代的學制是3月畢業，前一年12月8日因爲日本攻打珍珠港而全面開戰【註1】。

戰爭初期日本幾乎連戰皆捷，但不到一年的「中途島戰役」【註2】情勢開始逆轉，有一部電影描述當時日本的情報戰輸給美國，不但找不到美國的航空母艦，反倒日本戰力最強的4艘航空母艦全滅。

此後日本由勝轉敗，就開始到臺灣徵召少年工，可惜徵召時是年底，我已經畢業，因而錯失一次機會，不過聽說去的人在訓練及工作過程中也很辛苦。

那時有一首戰歌，歌詞中有提到哪個島，好像是拉包爾【註3】，年輕人聽了很想去當兵，所以我只要聽到徵兵的消息，有機會就去參加，一次是徵募到南洋，另一次是到菲律賓，兩次都因爲體檢沒有通過；也曾報考神風特攻隊。

有人說日本人不讓臺灣人開飛機，沒這回事，我是因爲體檢不合格才未通過考試的。沒辦法，才十四、五歲而已，大家都窮得要死，瘦擱薄板，一個禮拜只能吃一小塊豬肉，每次考試都是敗在體檢不及格。

但我一直認爲只有當兵才有出路，所以對於從軍一途並不死心。

我剛畢業就去一家高級玻璃的研究機構接受訓練，就是在以前的交通大學對面，現在的工業技術研究院前身。

日本在那時製造玻璃的技術就很好，像實驗室用的燒杯及注射筒等高級製品，都是只有幾毫米而已，是由日本的師傅兩個人一組，面對面用手工拉出一、二十米長的精密產品的，後來新竹的工業，以及玻璃工業會那麼發達，就是日本時代留下來的技術。那個單位現在還在，就在新竹體育場附近不遠的地方。

我是因爲住家離那個研究院不遠，他們看我是孩子王，都稱我爲「大將」，聽說我畢業後沒有繼續升學，覺得很可惜，特別要我去學習的，一般人要進去很不容易。我一邊在那裡學習，一邊就近到新竹玻璃公司做工，一邊還不時買書讀書，準備考航空隊。

日本人在臺灣興建飛機場是在日中戰爭後的事，當時就有很多臺灣人進入航空隊服務，我兩次考試沒過很傷心的哭了，一位軍醫看我這樣，特別安慰我說不用傷心，兩個月後陸軍航空隊會有另一次召募14歲到18歲的幼年工員，那次總算考過了，那是1944年。

新竹考區是在市政府旁邊的新竹小學舉行，全臺灣只錄取4百人，我記得新竹市考取的有十多人，4月報到時大家都搭前一晚的夜車南下，到屏東已經是上午8點多，一到大門，在出入口處就要我們排成4排，馬上有人告訴我們：你這一排是飛機修復班，下一排機械班，還有發動機班及儀器班等共4班，我排在第2排，是機械班，我一生的命運就這樣定了。話說回來，我做這行也對，我很滿足。

幫神風特攻隊造零件

我們先到屏東接受3個月的基本訓練，訓練期間很嚴格，是採取團體制裁的方式，也就是團體中只要有一個人犯錯，全體工員都要被處罰，有時被打屁股，有時打下頦，非常辛苦。

我負責的是做夾炸彈的架子，以便讓神風特攻隊夾帶250公斤，甚至500公斤的炸彈出任務，後來有一陣子因爲戰鬥機的補給線缺人，我被調到補給部門幫忙，這個工作比較輕鬆，有時爲了找器材，必須四處去找，我曾經從臺中找到草屯，只爲了找一支鐵枝給補給部門。

我們算是軍屬，所謂軍屬不是正規軍，沒有兵籍，但自己有階級。

到了10月，那時有很多傳聞，說美軍可能從屏東登陸，所以原本在南部機場的人員全部疏開，我是新竹人，就到臺中來，有的同袍被調到臺北。

飛機製造廠同仁。

談到日本投降，我記得在8月14日晚間，部隊就宣布第二天停休，到了中午12點全體集合，一起收聽天皇無條件投降的廣播。當天下午還好，到了第二天日本人就有半數沒來了，尤其平日對我們比較兇的都不敢出現。

日本人因為戰敗，匆匆趕著回去，有的臺灣人也各自散去，中國軍方人員10月才來，留下來的器材怎麼辦？

那年我17歲，是臺灣人工員中年紀最小的，我們一些年紀較大的臺灣人就自己組成一個班，大約10個人，自己選幹部，大家留下來整理並接收物資後，把這些物資列冊，一式造3份，日方1份、國軍1份，我們自己留1份。我因為人緣好，班長要我留下來。

日本人臨走時發給我們的1年遣散費是1000多圓，很讚的啦。戰敗前日本警察及老師的月薪都是45圓，我們則約7、80圓之間，我們因為還有戰時加給，薪水算是很高。

我在新竹玻璃做工的薪水是1天3毛錢，1年後升為7毛錢1天，大人的薪資是1天1.5圓。那時1斤肉是3.5角。

初見「敗仗兵」

1945年10月25日中國兵來接收時，我們原本都很高興，爭相到臺中火車站去歡迎。我們等在火車站的出口處，不久，看到一群人排成3排，每排10人共30人，分兩梯次出來了。一看，唉，人家日本人即便戰敗，走起路來步伐整齊，只聽到一陣「趴！趴！趴！」的聲音，哪像他們，穿的是粗棉布，綁腿也不會綁，走路散漫，毫無規矩可言，當時臺灣一般中學生都很會綁綁腿，他們不會。

我們心想，這些大概不是正規軍，可能是伙頭軍（伙伕）吧，正規軍應該還在後頭，但探頭看了很久，沒有了，就這五、六十個人了。

日治時期的臺中火車站。

國軍來了之後，吃飯是在廣場，隨便蹲在地上就吃起來了，彼此之間可能因為南腔北調，講話聽不懂就越講越大聲，後來竟然就拿起扁擔互打起來。莫怪喔，我們受日本教育的人都知道，日本人都稱呼中國兵是「敗仗兵」，難怪日本人瞧不起他們。

不久國軍來辦理接收，我們依照指示，把物資載送到臺中商業學校集中保管。

從終戰到接收這段期間，我們把物資看管得好好的，沒有一個人敢拿任何一項公物，有的只是人家教我們把舊的東西拿去，換新的、好一點的同款物品而已，我們受日本教育的人就是這樣，規矩非常好。但是事隔沒有多久，所有物資幾乎被國軍接收人員歪了了，所以才不過3、4年的時間就發生嚴重的通貨膨漲，4萬舊臺幣只能換1元新臺幣，眞是悲哀。

1945年來接收的國軍，簡直是土匪兵仔，日本時代一般商店買賣都有公定的價錢，這些兵仔不是，只要他們喜歡的東西，幾乎是用搶的，好一點的就隨便丟給你一些錢，譬如一罐醬油要價60元，他就丟個16元給你，哪管你售價多少？有的根本不給錢，店家看他們身上都帶著槍，哪敢向他們要錢？

從日本戰敗到1946年2月將近半年間，我們沒有薪水，全都是自願幫忙整理物資，因爲屏東總廠疏開，有的物資放在臺中商業學校，有的送到景美，除了我們陸軍航空隊之外，也有海軍航空隊的物資，我們也都一併整理。還好日本人臨走前多發了1年的薪水給我們，只是沒多久物價嚴重波動，那1年的資遣費也化爲烏有。

我們整理物資，剛開始還是沿用疏開時借用的臺中商業校舍，利用部分教室改爲宿舍，我們就住在那裡，後來才搬到景美橋附近的倉庫。

鹽巴與金槌

在景美期間，我們就地在倉庫開伙，有一天煮飯煮到一半發現沒有鹽了，我於是用一支戰時使用的，約10公分長的竹管，到倉庫裡去裝一些鹽巴給廚房使用。想不到事後可能有人告訴前來接收的老芋仔士官長，班長一度要趕我走，幸好後來擔任過兄弟棒球隊教練的曾紀恩兄【註4】因爲和我同姓，平時就很照顧我，他挺身幫我說情，說我只不過去拿一些鹽巴而已，又是給全體同仁煮飯用的，並沒有私自侵吞，在那種場合，難道還要老遠跑到菜市場去買一包鹽嗎？

你看，自己不知道拿了多少，臺灣人拿一小撮鹽也要追究，中國人啊……。

我一位同事，後來到電信局服務，他說，接收時中國人看到移交清冊上有一項是「金槌」，日語的意思是鐵槌，結果接收大員如獲至寶，馬上要他去把金槌拿過來，一看，大失所望。竟然不知道日語的金是金屬的意思，中國人像這種無知識的很多。

1946年底，國軍決定將成都的飛機製造廠遷來臺灣，當時在全臺各地看了十幾個地點，最後決定設在臺中，因爲臺中氣候好，因此在1948年設廠於水湳。

曾明財（以下簡稱財）：那時稱爲中國空軍第三飛機製造廠，第一及第二製造廠都在四川。

曾金海（以下簡稱海）：當時員工總數大約一千多人，臺灣人約有三、四百人，除了日本時代留下來的一百多人之外，其他的員工就在臺中招考，由於戰後不久，沒頭路的很多，報考的很踴躍，很難考。

我原先在景美，爲了設立飛機製造廠，景美日資全部送到臺中，當時日本人留下很多好飛機，海軍的主力戰機是「零式」，陸軍戰機稱爲「隼」，都被全部打掉，說要自己製造。

景美之後，1947年我被派到仁愛路的空軍總部，當時稱爲大安辦公室。那裡也接收了很多日產，多得不得了。

大安辦公室分爲好幾個部門，我是在通訊部門，兼接送物資，曾送物資到基隆、岡山等地。

空軍第三飛機製造廠臺北大安辦事處，1947年紀念合影。

我在1947年元月加入中國國民黨，沒辦法，吃人頭路就要加入，沒得選擇。

回想起戰後到接收前的日子，我17歲，最年輕，我們一班有4人，班長及其他人都有20幾、30歲了，班長是彰化工業畢業的，當時日本人留下來的物資多得不得了，有米、糖、罐頭，包括卡車等，少說也有好幾億元跑不掉，我們如果像中國兵那樣，把帳冊燒掉，根本無從查起，我們只會跑到倉庫裡把舊鞋換成新鞋，結果中國人一來，全部被歪哥不見了，我不過拿了一點鹽竟然說我貪污，那個人後來和我同單位，我還爲此罵過他，自己不知歪多少，還敢說我貪！

看到人就開槍

1947年2月時，我們正在大安辦公室搬運車床等大機械。我還記得26日那天是雨天，我穿橡膠鞋正在把大機械搬上卡車，在推動機器的過程中，不小心被鐵輪子壓到腳，還好沒有壓斷，趕緊送臺大醫院治療，接著每天都要去換藥。

受傷的第三天早上大約八、九點左右，我在臺大醫院時，聽到外面有嘈雜聲，接著看到約有上百人手拿著旗子遊行經過醫院門口；到了晚上，就聽到市內到處有槍聲，因爲我們是軍人，只能呆在部隊裡面。

第二天上午我又到臺大醫院換藥，門口多了兩個雙手插腰的人站崗，因爲我們穿制服，司機是臺灣人，看我們講日語，就放我們進去，在我們後面有兩個人，操外省口音，其中一人一上台階就被揍。短短一年之間，你看他們如何爲非作歹，導致臺灣人對他們極度反感，看到外省人就打。

我對二二八的印象只知道市內到處聽到槍響，尤其是一個禮拜之後，槍聲大作，空軍總部在日本時代是工業研究所，在仁愛路及瑠公圳【註5】交會處，後面是一大片的田園。喔啊，我在裡面從窗子看出去，看到不遠處一部部軍車，車上的軍人看到人就胡亂掃射，看到人就打。

國軍到臺灣之後，胡作非爲，1946年一整年間都是如此。眼見他們歪哥亂搞，我們也有樣學樣。否則你說，好幾個月沒領薪水，日子怎麼過？【註6】

我是到臺北空軍總部報到後，才開始領薪水。之前沒有薪水的日子，我們只好把日人留下來的罐頭等物資打開來充飢。

我在大安辦公室的時間大約有一年二個月之久，1947年12月31日，我接到命令，要我在隔天，也就是1948年元月一日到臺中報到，開始我的造飛機生涯。

1948年這一年當中，美國委託中華民國製造一百架練習機，就由我們第三製造廠製造的，講好聽是自製，其實引擎根本沒有能力自製，是直接由美國進口組裝的。

一百架飛機造好我們就沒事幹了，那時國共內戰打得正兇，根本管不了臺灣，有人就在裡面開設賭場，由外省人帶頭賭博，臺灣人也跟進。

我的同事中絕大多數都是外省人，臺灣人很少，像我住在省二中附近光大新村的臺灣人沒幾戶，至於模範新村約200戶臺灣人，那裏在日本時代是高等官，如工程師、機師，或判任官等居住的宿舍。

袁大頭解燃眉

談到四萬換一元那時眞可憐，才兩三年而已，就被他們弄成這個樣子。

其實他們來幾個月後，物價就開始波動，主要是接收的人貪污所致。我們領薪水的還好，那時臺灣軍人的薪水和中國國內一樣，只是在臺灣是使用臺幣，我那時也還單身，問題比較不大。

1948年，空軍因爲從中國運一些龍銀到臺灣，就把這些龍銀當成員工福利發給我們，員工每人發給五圓，將官七圓，一個龍銀可以換40幾萬元臺幣，做一件襯衫42萬，賣一個龍銀45萬元，還有得找，連續發了好幾個月。

還記得那時發的龍銀有好幾種，鑄有袁世凱頭像的最值錢【註7】，可以換得47萬元，不過他們是隨機給的，就看你運氣如何了。龍銀就是一般通稱的銀元，後來有很長一段時間，1銀元換算爲新臺幣30元。

的確，很多人覺得臺灣人住眷村很稀奇，那是因爲臺中有飛機廠，有一些和我一樣日本時代留用的臺灣人，另外也招考一些，才有臺灣人，但還是很少數。

話說回來，當軍人有個好處，有時在軍中亂罵也平安。像1959年我被派到岡山空軍官校的督導班訓練兩個月，中間有一次蔣介石來演講，看到老蔣大家都正襟危坐，我滿不在乎的坐在地上，也平安無事。

剛開始眷村裡的南腔北調，究竟怎麼溝通的，到現在也想不通，都是隨便湊湊的。起初去學了兩個月的北京話，是一個外省人教的，讀不下去，就沒再學了，眷村裡的人來自四面八方，至少十幾省的人湊在一起，都嘛隨便胡謅一通，到現在「買」、「賣」；「燒」、「血」還是分不清。

財：父母親因爲住在眷村，和臺灣人的世界有相當程度的隔離，所幸父親晚上另外到工廠加班養活我們，才能結交一些臺灣人的朋友。

海：在眷村裡臺灣人是極少數，有時我太太也會被欺負。我們眷村大約有80戶，早期臺灣人最多的時期還有一、二十戶，後來只剩下兩戶，到最後剩我們自己一戶。

在裡面受排擠也是無法度的事情，他們的世界嘛。算起來還不致於有很激烈的排斥行爲，只是直到現在，對這些中國人越看越不順眼，年輕時我原本很嚮往中國，看了很多書，夢想有一天可以去遊西湖，現在我不會去，中國人你說他有什麼改變？依舊沒水準，和日本時代我們所看到的日本老師那種先進的想法與教法，簡直天地之差，怎麼和人家比？

曾金海夫婦攝於眷村。

木工裁縫修飛機？

他們剛來時還穿棉襖，以戰勝國自居，對臺灣人耀武揚威，其實根本不懂領導，來的人說是要修飛機，全是木工居多，也有不少是做裁縫的，像我們這種受過正規訓練的機械工很少。

我在軍中做最久的工作，是修理噴射機裡飛行員的「自動給氧器」，那是很精密的儀器，一個小小的儀器裡面就有4百多個零件，一有故障，飛行員就沒命。

這部分最初是琉球美軍負責維修，每修一個需要美金8百元，後來送過來讓我們練習，學會之後，每人每月限定最少修5個，我們班上約有10人做這個工作。像是F-84、F-5A噴射機等的零件都是我們維修的。

這種工作很精密，有人一個月修3個都修不好，我不到一個禮拜就修了好幾個，修好之後就是你的自由時間了，除了有美軍來視察或參觀之外，沒事就各自逍遙。早期水湳機場裡面除了美軍辦公室裡面有冷氣之外，只有我們單位裡裝冷氣，不是要給我們享受的，是高空使用的精密機器不能故障。這個單位我從1960年做到1973年退休。

財：老爸爲了養我們六6個小孩，工作之餘其實沒有時間逍遙，也不會對上司拍馬屁，都到外面兼差打工。

海：每逢完蛋（不知有意還是無意，他特別用中國話把「元旦」說成「完蛋」）放3天假，我就很高興，可以多賺一點外快，因爲我在軍中一個月的工作，一個禮拜就做好了，剩下的時間我可以自己安排。

第三飛機製造廠裡面吃閒飯的很多。自從國軍全面撤退到臺灣之後，爲了容納冗員，我們的製造廠改爲分廠、區部，增設指揮官、副指揮官等，從一個製造廠變成10幾個分廠，增加很多修復、補給等名目，我們的廠改爲空軍第二供應區部，用這樣來花臺灣人的錢。我現在越老越會去想，當年他們接收那麼多日資日產從來未見拿出來，這不是剝削臺灣人是什麼？

他們嘴巴講「好男不當兵，好鐵不打釘。」，我們聽了就把子女送去讀大學，這些外省仔的兒子大多去當兵，當個上校退休每月可以領10幾萬退休金。在外來政權的欺壓下，臺灣話都快要消失了。日本人也是外來統治者，最起碼他們在臺灣做了很多建設，而他們只懂得來這裡享受。

財：在我們的成長過程裡面，每天的晚餐時間，老爸都會喝一杯酒，接著開始批判、罵蔣介石，母親趕緊去把門關起來，免得隔牆有耳，子女就開始和他辯論，他總是說：「等你們長大之後就知道。」

海：老大讀高中時，父子常常辯論得快吵起來。

財：我讀小學就開始和他辯論了。這倒是我們家民主教育和自由開放思想的成功，1977年中壢事件發生時我讀高中，二哥當時讀輔大，我後來就是看他帶回來的黨外雜誌而被警總派員來關心。

殺人不必償命

海：他們胡做非爲的事我看太多了。我記得在1945年10月至11月間，他們剛來接收不久，有一次我和曾紀恩一起開車行經臺中復興路，要往三民路方向時，因爲馬路還是碎石路，大概有一顆石頭噴到對面中國兵的軍車，兵仔立刻衝到我們的車頭，舉槍擋住去路，問我們是哪個單位的？所幸我們報以第四分廠之後，他們就不再追究，否則臺灣就少一個曾教官的棒球名人了。早期很多臺灣人被兵仔隨隨便便就打死，到哪裡去索賠？

那時來的根本都是一些水準很差的兵，所以臺灣人都稱呼他們是「土匪仔兵」，國民黨直到快要戰敗的那年才號召十萬青年十萬軍，在那之前，官兵的水準很差。

日本警察也很兇，但是老百姓只要不犯法，一般而言，警察對百姓還好。日本人的法治很嚴格，中國人就是仗勢欺人，才會在不久後導致二二八事件的發生。

我父親早年從竹北遷移到新竹市區。因為我祖父那一代可謂貧無立錐之地，父親到新竹擔任磚窯工人，家就住在工寮。

我妻子是人家的養女，養父和我們一樣住磚窯工寮，所以我們從小就認識，妻子年輕時很漂亮，是美女。到了20歲的時候，母親說該成親了。那時因戰後普遍生活困苦，我在軍中有工作，生活算是穩定的。

財：不過爸爸後來為了6個小孩，除了軍中的工作之外，還要到外面的鐵工廠兼差。

海：我的能力算是不錯的，所以你們才有今天。

財：父親那時在同袍裡應該是最年輕的。

海：水湳當時有上千名員工，我是最年輕的。

我在45歲以「家累」為由申請退休，因為一家8口國家養不起。

我還沒退休前就借用朋友的鐵工廠，自行製造魚網機零件販售，因為比外面便宜，賣得不錯，那時臺灣經濟剛開始要起飛，所以在1969年左右，我做漁網機零件每月可以有8千元的收入，1973年我退休時，一個月的退休金約1500元，那時航發中心剛成立不久，一進去可領月薪2千多元，太太原本希望我去，我最後決定還是自己做鐵工比較自由。

工廠在彰化花壇，所以我每天都要來往臺中花壇之間。

財：老爸爲了養我們，每天來回走那麼長的路途，眞的很辛苦。不過，我想老爸一生中最安慰的是我們3個兄弟都讀省一中，這也是我們在眷村裡唯一被那些外省鄰居深深佩服的一件事。

【註1】二次大戰史上有名的日本偷襲珍珠港事件，美國時間為1941年12月7日，日本時間是12月8日清晨。

【註2】中途島海戰，1942年6月4日，是太平洋戰爭中日本由勝轉敗的關鍵戰役，美國因為情報戰略勝一籌，加上日本錯估美國在珍珠港戰役後的修復能力，導致日本大敗，美國取得太平洋戰區的主動權。

【註3】拉包爾（Rabaul），是巴布亞紐幾內亞的一個城市，二戰時日本繼攻擊珍珠港後，此地成為日軍攻擊的目標，1942年1月23日，數以萬計的日本海軍陸戰隊員攻占拉包爾，並建設為軍事基地，從攻占到日本投降的幾年間，拉包爾歷經無數次慘烈的戰役，直到今日，仍可以在港口、村莊和土丘下找到日本軍事設施的殘跡。

【註4】曾紀恩（1922-2012）臺灣棒球名人，曾任兄弟隊總教練。屏東內埔鄉人，早年就讀內埔農校，擅長相撲、柔道、劍道等，因遭兩名日本人同學惡作劇，破壞他比賽用的竹劍，曾

紀恩得知後痛毆兩人，父親為避禍，安排他到潮州外婆家，協助外婆的貨車行修理貨車，又因駕車不慎，撞死一名日本人。

父親散盡家財理賠完畢後，命其報考日本海軍廣島航空機械廠，其後從軍，為零式戰鬥機維修員，駐紮呂宋期間曾獲相撲比賽冠軍。日本投降後加入國軍，為技術維修兵，後升為少尉軍官，並以少尉教官身分教導空軍棒球，成為空軍棒球隊創隊教練。退役後成為兄弟隊總教練，並為中華職棒首任總教練。死後獲總統府頒二等景星勳章，及行政院體委會運動精英獎終身成就獎。

【註5】瑠公圳，指1740年由移居臺北的彰化人郭錫瑠所興建的臺北市重要灌溉渠道，後來被改成排水溝之用，此處指日本人於1933年興建的「特一號排水溝」，又名崛川，1972年臺北市政府改為水泥箱涵，埋入地下，地面即今之新生南路。

【註6】臺灣人受日本教育的影響，許多行為及道德標準遠遠高過中國兵，所謂的「有樣學樣」只是諸如前述拿一包鹽巴的行為而已，卻差點被以貪污罪論處！

【註7】龍銀是指通行於19世紀末到20世紀初的貨幣，世界各國都有鑄造類似的銀幣，作為本國內商業交易或國際貿易流通之用，幣值都是1元，重量都是27公克，形狀都是圓型的板狀，各國的銀元看起來色澤、形狀、大小都很類似，只有圖案不同。

中國在清朝光緒年間開始有龍銀的發行，有「光緒元寶」及「宣統元寶」等。因為中國及日本鑄造的銀元背面都有一條龍，因而通稱龍銀。

中華民國成立後，大總統袁世凱於民國3年公布「國幣條例」，以他的頭像鑄造銀元，因幣型劃一，成色及重量都有嚴格規定，成為民國以來發行量最大，流通最廣的貨幣。民間通稱「袁大頭」。此外也有孫中山及帆船圖像的銀元。

素人藝術家

吳如蘭（左）與作者陳婉真（右）。

受訪者背景

受訪人：吳如蘭
性別：女
出生年月：1922年
訪問時間：2011/8/15
地點：南投市張宅
訪問人：陳婉真、張宏久

背景說明：她不是赫赫有名的畫家或陶藝家，但南投縣文化局及文化部國家文化資料庫中，都可以找到她的基本資料。

吳如蘭陶藝創作〈有話好說〉。

「我是個單純的家庭主婦，因家內大小均分別在外謀生順利而無後顧之憂，使我有充分時間投入於消遣爲目的之藝術工作。初拜師唐龍才先生美術指導，從初步開始，直至每年參加展覽會，略有成績，並曾獲臺中市主辦之慶祝婦女節畫展之佳作賞。

嗣因本縣文化中心舉辦陶藝講習會，我也報名參加，另玩一種藝術活動，期間只有20天，且課程屬於初步程度，未能滿足，嗣在家籍空暇時間雙手自行操作、研究，而對陶藝開始發生興趣。

凡遇到本縣陶藝學會舉辦之各種展覽會，雖然力之不足，仍提出勇氣積極參加，實爲取得磨練之機會爲目的，故如有舉辦陶藝講習會，我雖82歲老婦，仍樂於踴躍參加，常習以增知識。諺語說：活到老，學到老，是我一生不變的信念。」

學畫學陶教舞蹈

以上是國家文化資料庫中吳如蘭女士的自我介紹。

她畢業於臺中州小學教員養成班，1940年擔任埔里愛蘭國校教員，1941～43年擔任福龜國校教員，婚後在家相夫教子，1983年起，陸續參加各種畫展及陶藝展，並於1991年臺灣省婦女節獲得婦女才藝成果展國畫佳作獎。家中掛滿她的畫作，也擺設許多陶藝作品，令人賞心悅目。

她持續好幾年，都在自家附近的南投市三角公園，以自創的健康操教導社區居民，她說，這是讓她保持年輕的最佳祕訣，持續規律的運動之後，原本身體的一些毛病，諸如失眠、腰痠背痛等，都不藥而癒。

吳如蘭全家福。

訪問中她提到很多有關先生的故事，夫妻鰜鰈情深，令人羨慕。

陪同受訪的是她的三女兒。

訪談內容大要：

吳如蘭（以下簡稱吳）：我出生在大家庭，我是老大，祖父有5個兒子3個女兒，大女兒留著，老二老三都送給別人，再從別人家領養一個女兒，不是家境不好，是以前的習俗如此。

我爸爸是家中長子，我又是爸爸的長女，小時候全家都很疼我，叔叔所有的子女都是我在管的，阿公要我帶領弟妹，我就分配他們工作，一大早分工合作，很快就把家裡掃得乾乾淨淨。

我阿祖是東勢人，阿公搬到卓蘭去發展，後來做到鄉長，那時臺灣籍的鄉長只有兩個，屏東一個，另一個就是我阿公。他也兼任青果合作社的負責人。

那時大安溪每遇大水，只能靠流籠運輸，阿公取得政府的許可，在卓蘭南邊大安溪北岸設站，南岸的部分交給叔公管理，並請了兩個長工在兩邊負責接送。

流籠旁邊掛了一個竹錢筒的收費箱，搭流籠的鄉民就把錢丟到錢筒裡面，孩提時每晚最喜歡站在阿公旁邊，看他拿刀子剖開錢筒「叭」的一聲，接著清點這一天的收入，感覺很有趣。

那時官有地很多，你只要付得起錢，政府就租給你，要多少有多少。

後來日本政府要合併青果合作社，召集阿公去開會，討論把卓蘭的青果合作社也合併，並以1萬圓給阿公作爲獎賞，但多數社員拒絕，阿公因而把卓蘭的房產田地全賣掉，搬到臺中。

到臺中的另一個原因是，阿公常去日本，日本人告訴他，香蕉的營養成分很高，臺灣又生產那麼多香蕉，建議阿公研發精製成產品來販售，阿公眞的去研究一種香蕉產品，只要加上一些牛奶，再倒進熱水，就變成雞蛋口味，營養又好吃。

接著阿公開始設立工廠，成立會社，由阿公哥哥的女婿擔任社長。

阿公哥哥也是臺中的名人，經營「老松自動車」，就是臺中客運的前身。他女婿後來得傷寒死了，死後大家才發現公司被掏空，阿公的會社就此倒閉。又因躲空襲，全家搬到國姓福龜。

太不平的太平輪

後來我叔叔也經營青果合作社，從上海賣到日本，很賺錢，1949年年初，叔叔爲了想趕快回臺灣過年，所搭的船超載，沉船而死，就是很有名的太平輪事件【註1】。後代因爲年紀太輕無法處理叔叔的產業，只能置之不理。

多年後我四叔在日本，他兒子大學畢業想找工作，看到報上徵人啓事，說要懂臺語、英語、北京語的人才，四叔帶兒子去應徵，一到公司才發現全是以前叔叔公司的員工。

三女兒（以下簡稱女）：就是陳查某。因爲叔公死後家裡沒人處理，公司被員工接收，那人就是陳查某。

吳：你看陳查某那麼有錢。所以人生會如何演變我們都不知道。

吳如蘭年輕時候的照片。

我小學在臺中就讀，並考進日本人讀的家政學校，因爲戰爭，讀到一半就沒再去了。我後來都在家裡自修，自己讀自己考，比到學校還辛苦。

我年輕時擔任過愛蘭及福龜兩所國民學校教員，從校長到同事都對我很好。日本時代的老師平時下課休息時，會脫上衣、抽菸等，上課鐘一響，一定穿戴整齊去教書。老師都具有文官資格，穿文官衫，素質很好。

日本人來臺灣的警察素質就比國內的差，很會欺負臺灣人。

咱臺灣人以前在眠床邊都會放尿桶，有的警察在清潔檢查時，看到尿桶會臭嘛，他立刻就把尿桶踢翻，就是這樣欺負臺灣人。

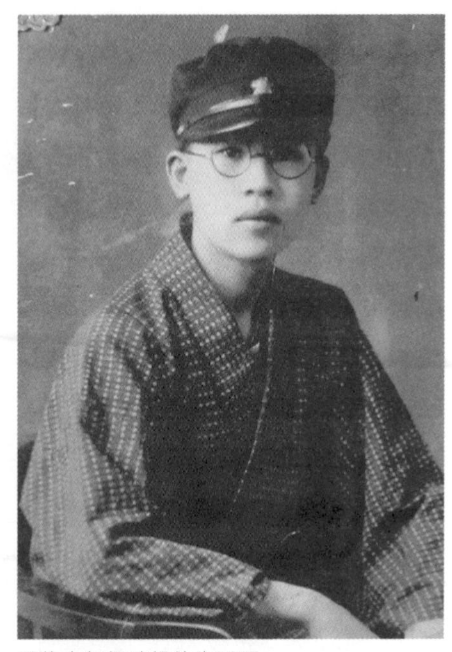
張信圭年輕時候的生活照。

所以後來那些日本老師到臺灣時，學生都送金子、請吃飯等等，警察就沒半人敢來。

不過，那時從沒聽過什麼「包紅包」的事情，頂多送一隻雞，警察就很高興了，他們（指國民政府）來了以後，我們才學會「紅包」這個詞的新解。

好成績贏得美人心

我先生名叫張信圭，是日本中央大學法律系畢業的。

我在教書時，有一次到現在的成功嶺，從前是馬場，參加一個講習會，他妹妹和我同梯，他剛好從日本放暑假回來，和朋友去看妹妹。

他看到我，我沒看到他；第二天他又去，我嘛不知道，那時他家後山種很多柑橘，他採了好多，說要給

新高、能高郡講習會，與先生第一次相遇的場合。

他妹妹吃，再請妹妹分送給我。這些我當時都不知道，是後來他們講的。

一個禮拜之後，講習會安排讓我們去臺中看電影，電影放映中，大家坐一排，忽然間一個人拿一封信放在我的膝蓋上，我把它掃走，會怕呢，隔一會想想，不知道裡面寫些什麼，又從地上檢起來，回去看才知道是這麼回事。

送信的是一個從小和我們一起長大的朋友，我當然沒回信。講習結束後，他就威脅朋友說如果這事不成功要和他絕交，朋友緊張，開始到處找我，先找到能高郡【註2】的郡役所，找不到人，又到國姓，也找不到，人家才告訴他我們住在龜仔頭【註3】，找到後把信交給我，我還是不回信，很多人寫信給我啊。

後來他又來一封信，信上夾著一張他的成績單，還有一張照片，成績全是甲，只有一個乙，原因是沒當兵。顯示他不是無業遊民，他是很會讀冊的。我們這才開始來往。

我的爲人不做不正經的事，有信來我都先拿給爸爸看。有一次他邀我去臺中公園，我說好，我把阿公和阿叔也找去，他事先不知道，之後大家一起吃飯，阿公和阿叔看後都贊成。算是老實人啦。

女：我爸爸小學畢業後就到臺南讀長榮中學，但長榮全部

吳如蘭結婚照。

吳如蘭結婚照。

吳如蘭和先生張信圭合影。

以英語教學，又規定學生要做禮拜，爸爸受不了，暑假回來後就不再去了，因爲他說各科報告都要用英文寫，太痛苦了。阿公只好把他送到日本讀中學，直到大學畢業才回來。

不過，長榮因爲連請假單也要用英文，反而練就他的英文程度非常好。

吳：那時候的中央大學法律系在全日本排名第一，比東京帝大還強。他那一屆共有三、四百名畢業生，他是第一名畢業。

戰時很多日本男性都被徵調去當兵了，他覺得日本人可以當兵，眞好，也主動塡志願當學生兵，曾被派到外地訓練，教官是天皇小時候的教官，因此特別帶他們進去皇宮參觀，那是非常難得的機會。

日本一些好的商社通常會在學生尚未畢業前，到學校徵才，我先生因爲一直想到總督府上班，因此沒有參加商社的求才活動。

無法錄用臺灣人

女：這事我聽爸爸說過。臺灣總督府爲培養行政人才，會到日本各知名大學徵才。因爲總督府祕書長是中央大學畢業的，他們就委託學校舉辦考試，總共錄取3個人，爸爸是第1名。

快畢業的時候，另外兩人問爸爸有沒有收到總督府寄

中央大學歡送同學出征的老照片。

來的準備金，就是讓新人製裝等的準備費用，總督府都寄給他們了。爸爸說沒有啊。於是請在臺灣的阿公替他問問看，阿公找了一位國會議員，議員調查後告訴阿公說：「很抱歉，因爲貴公子是臺灣人，所以無法錄用。」

爸爸得知後既失望又生氣，連畢業典禮都不參加就回臺灣，結果畢業典禮上爸爸是畢業生致詞代表，唱到他的名字時大家才知道他缺席了。事後同學笑他怎麼那麼傻，那是一生中多麼光榮的事，竟然不參加。

爸爸經歷過這件事之後才發現，原來日本人心中是那麼瞧不起臺灣人，所以中國來接收時，他生病臥床，還高興得從床上跳起來，不斷喊「萬歲」。

吳：從此以後他打消做官的念頭，不再參加任何考試，連律師也不去考。

那時總督府轄下各級政府中，臺灣人小學畢業的較多，中學畢業的比較少，大學畢業生沒有。

神祕的南興公司

總督府徵人單位的主管是他的學長，事後對他說：「歹勢啦，這是國家政策，我也沒辦法。」算是一種補償，就派他去臺中專賣局，不久轉調「南興公司」。

南興公司是政府和專賣局合資的公司，專門負責戰爭中新取得的領土，如新加坡、菲律賓等地的菸草專賣業務，待遇比專賣局還好。人家領二、三十圓，他領三百圓。

女：類似以前荷蘭的「東印度公司」模式。因爲專賣局兼賣鴉片，所以獲利很高。

吳：是戰爭初期成立的公司，社長由高雄州長兼任，臺中專賣局局長也去，我先生就跟著局長到臺北上任，主要負責文書的修改。一度公司想派他去廈門附近的鼓浪嶼，但他堅持不去外地。

女：因爲公司爲了掩飾他們一些不能曝光的行爲，所以不能任用國家的正職人員。

吳：日本人要派他到鼓浪嶼時，一直遊說他去，告訴他說：「去啦，那地方很好，去了你就知道。」他還是堅持不去。公司只好派一個日本人前往，後來那個日本人在空襲中被炸死。他聽到消息說：「唉，害那個人死掉。」

這人世間眞奧妙，他們馬來西亞公司有一位員林人，也不知道歪哥多少錢，竟然直接用平信把歪哥來的錢寄給太太，太太還回明信片說已經收到，抓到後被罰在員林赤腳遊街示眾。

女：因爲那是黑機關，很有錢，很多收支都不用公開，因此很容易貪污，只要不是太過分，都可以容忍。

吳：戰局逆轉後，我先生還在臺北工作，當時我最大的小孩才三、四個月。我們住在圓環附近，一有空襲，我們就躲在家裡的防空壕裡。

房子是租的，是古早厝，防空壕就在屋子裡，大約一人深，聽到空襲警報時就躲進去，掃射時可以清楚聽到屋頂劈劈叭叭的聲音。有一次我先生好奇，躲到防空壕還把門開個縫，探頭出去看，我說不要看啦，快進來，他還是看，直到遠遠看到美軍飛機轟炸臺北橋的炸彈丟下去，他才趕緊跑進來躲好。

我們住的地方隔一條橫巷就是很有名的蓬萊閣酒家【註4】，那地方居民以日本人居多。我們前面種了很多樹，我們都去砍一些比較細小的樹枝，每到黃昏就點火燒樹枝，目的是讓美軍來轟炸時，從天上看不到地上的目標。那是政府下令大家這麼做的。

撿到小嬰兒

隔不久，松山菸草公司一帶，就是現在的松山機場被炸，整整燒了一天，煙塵很濃，我看臺北這麼危險，很擔心，勸先生趕快回南投，我們打包一些行李，小孩帶著，趕緊搭車回來。一路上很多人，大家都想儘快離開臺北，南下的火車連車門階梯口也擠滿人。

最可憐是一位日本人，他被擠到火車最下面的階梯，把隨身的皮箱當成椅子坐在皮箱上，車到桃園附近，皮箱滾到車下，他急得大叫，還想跳火車去檢皮箱，幸好被同車的人拉住，才沒有發生更不幸的事。

回到南投之後，我們山上有兩、三甲地的柑仔園，我們就在柑仔園利用山坡地的高低差挖掘防空壕，我每天揹著小孩，兩手提著東西，天還沒亮就要走很長的小田埂上山。這樣工作了好幾天後，有一次把小孩從背上放下來，才發現兩腿竟然大片烏青，果眞是忙到不知道痛的地步。

從山上的防空壕可以清楚看到南投市區，有一次看到鳳梨會社（今南投縣政府附近）被炸得很嚴重。我心想，敵機一直轟炸，我們怎麼毫無反擊能力？不但如此，南投連軍部都沒有駐紮，卻也遭到空襲。

我娘家也全家疏開到國姓福龜，以爲那裡比較安全，想不到福龜附近都種菸葉，菸葉田一大片綠油油的，美軍以爲是飛機場，重砲轟炸，頭一次死了好幾個人，後來大家一聽到飛機來就趕緊逃命。

我們有一個朋友在自家開了一個防空壕，提供附近的人去躲警報，有一次爆擊過後他看到地上怎麼有一包東西，打開一看竟然是一個小嬰兒，可能是母親帶的東西太多，慌亂中不小心把小孩掉在地上了。事後媽媽才急急忙忙回頭來找小孩。

我們疏開回南投的前6個月，臺北的公司照樣按月寄薪水給我先生。

女：聽爸爸說，戰時幸虧他們提早從臺北回來，因爲公司接替他的一個臺灣人在二二八事件中，被推出去槍斃掉了。

籌設南投高中

戰爭結束後，南投好幾位地方人士來到我家，拜託我先生說：「南投至今還沒有一所中學，你來籌備好嗎？」我先生是很熱心的人，一聽說南投沒有學校，影響南投未來的發展，立刻答應。

那時國民政府剛到臺灣，沒有預算，我先生自費請了3個人一起籌備了7個月，學校才蓋好，就是南投中學，後來升格為南投高中【註5】。

籌備過程很辛苦，他一度做到神經衰弱，因為南投人對公眾的事不熱衷。但他對外從未曾訴苦，只告訴過我說，他這一輩子最開心的事，就是看到南投中學培養出那麼多有出息的學生。

後來學校興建中山堂時也是沒錢，對外募款時，家長會長提議日後要將捐款者姓名數額銘記在碑文裡，我先生看錢不夠，不知又加碼捐多少我也不知道，禮堂蓋好後，他說：「不用記了，多刻碑文又要多花錢。」

我對我先生說，你做這件事好是好，但不要留在學校教書，因為當教員沒出脫【註6】。

不久因為臺灣中小企業銀行【註7】經營不善，經理是彭百顯前縣長的叔公，拜託他去幫忙整頓，他花了三、四個月就整頓好了，經公司調升當經理，就這樣一直呆在中小企銀直到退休，其間也曾分別任職於豐原、臺中等分行。

他心很軟，銀行要查封房屋，他都會和判官（執行處人員）一起去，有一次看到一戶人家因為替人作保，並非自己借錢不還，房子被查封，全家人都在哭，很可憐，判官要貼封條時，他說不要封了，判官說你不查封就沒機會了，他還是決定不查封。

看到住家沒有被貼封條，全家人一起向他下跪，不斷向他致謝，說他這麼好心，希望他能吃百二（活到120歲），出好子孫。

他人緣很好，長官都對他很好，文章又會寫。

女：我爸爸在銀行工作，主管和他商量說他讀法律，請他擔任訴訟方面的事務，訴訟就是要寫狀紙嘛，他的文章寫得非常好，他寫的狀子很多變成銀行的範本，連臺中地方法院也把他的狀子當範本。

吳：我公公是國小畢業，兩個兒子全送到日本讀書，5個女兒，兩個讀彰化高女，兩個讀臺北第三高女，你看他光是子女讀書的錢要花掉多少。

女：我爸爸說他看過阿公的帳簿，1學年要花掉1甲田。

辦保險慘賠

吳：公公為人慷慨，有人來借錢，不還也沒關係。我曾目睹一個人向他哀求說，他只剩一間房子，如果還錢全家就沒有房子住了，拜託我公公把借條還給他。

女：阿公就眞的把借條還給那戶人家，不再追究他們欠錢的事。

吳：回南投後，我們就和公公婆婆同住，孩子也生了好幾個，戰後卻逢貨幣一直貶值，物價一直漲，正在煩惱不知怎麼辦，一位彰化銀行經理的太太約我到草屯牛屎岐【註8】去買一些稻穀來囤積，六月天很熱，我揹著小孩逐戶爬坡去問有沒有人要賣米，買到後僱牛車載了幾車的稻穀回來，原想可以賺一點錢備用，但米價一直漲，賣了就沒得吃了，只好留著自己吃，漸漸就吃完了，也沒有賺到錢。

日本時代米不會漲價，只是窮人沒錢買米就只好吃番薯簽，但國民政府來後，米價卻一直漲。

女：還有很慘的是日本的保險金損失最多。

吳：公公承辦了一家明治保險公司的業務，因爲是自己辦的，把所有的親戚朋友都找來投保，都幫他們繳保費，繳很多後，公司倒閉了，原本契約書都還在，但是戰後中國政府不知怎麼想的，要大家把契約書交出來，說以後可以向日方索賠，大家傻傻的交出去以後，就全無下文，所以我先生從此以後絕不投保任何保險。

臺灣人善良，不喜歡和人相爭，如果在別的國家不致如此。

女：對軍人的態度差別也很大。爸爸他們當時很尊敬日本軍人，搭車看到軍人，都趕緊讓座。爸爸說日本軍人要考試才能讀軍校，程度都很不錯，哪像我們讀書的時候，軍校是考不上又找不到工作，不得已才去讀的，一般人對軍人的印象也不好，小時候上一代都很尊敬日本軍人吔。

也聽爸爸說日本人走時，公司留了六、七百萬圓日幣，被接收後不翼而飛。

吳：有日本人遣返前把錢縫在棉被裡，想偷偷帶回去，還是被找出來。

女：國民黨好事不會做，這種事他們倒是很有本事。

請囝仔兵到家過中秋

吳：逃難來的中國人可憐的也很多，剛來時那些兵仔住在公園的大樹下，穿草鞋，挑扁擔，用鼎（鍋）煮飯，我常常抱著孩子在旁邊觀看，看他們吃飯用的是漱口杯。

久了之後，其中兩個才十幾歲的囝仔會過來和我聊天，說他們是走在路上被軍隊圍捕來的，我看他們好可憐，邀請他們中秋節來我家過節。

女：您眞好膽。

吳：四萬換一元時，公公年歲大，沒賺錢，只有先生在工作。細節不太記得，只記錢都融掉了，心很痛，非常的痛，我們兩代辛辛苦苦掙來的錢，一下子都沒有了。

女：媽媽一生不管錢。她至今沒去過銀行，也不會領錢。

吳：三七五減租前，現今平和國小附近一帶的土地都是我們

吳如蘭和先生張信圭鶼鰈情深。

的，公公以5萬元賣掉。婆婆勸他不要賣，他說把賣地的錢拿來借人利息更高，結果借出5萬元只拿一次利息，借方就倒了，那些田地如果還在的話，值好幾十億呢。

他是那樣的好人，經過三七五、四萬換一元，損失都很大，他死後已經沒有多少錢了。

二二八我先生足不出戶，有人來找他做什麼他都拒絕，南投也沒有發動的團體，所以沒事。

倒是二二八事件中罹難的施江南【註9】，是我們在臺北時的鄰居。我後來聽說，他的病人曾抱怨說外省人亂打人，請他不要醫治外省人。可能因此得罪外省人而遭到報復。

【註1】太平輪沉沒事件發生於1949年1月27日，屬於中聯輪船公司的豪華客輪「太平輪」因為超載，加上夜間航行沒有開航行燈，在上海開往基隆途中，於舟山群島海域的白節山附近，和一艘由基隆出發的建元輪相撞沉沒。

由於時值國共內戰後期，大批難民爭相逃離中國，許多人以金條或靠關係取得艙位，又逢除夕的前一天，原訂上午10點出發，為了等待裝運中央銀行的一批銀元，延到下午4:18啟航，船上另載有600噸鋼條、東南日報印刷器材與白報紙1百多噸、中央銀行重要文件1317箱、國民黨檔案180箱，及迪化街訂購的南北貨等。搭船人數計有票乘客508人、船員124名，無票者約300人，後被澳大利亞軍艦巡經附近海域救起生還者34人，及舟山群島附近漁民陸續救起共約50人，其餘全部罹難。死者中不乏有名望、富商級人士，國際知名刑事鑑定專家李昌鈺的父親也在其中。

【註2】能高郡屬臺中州的行政轄區，範圍包括埔里街、國姓庄及不設庄的番地，郡役所設於埔里街。

【註3】福龜的舊地名。

【註4】蓬萊閣與附近的江山樓，都是日治時期很有名的酒家，其中江山樓被列入為文化資產。

蓬萊閣最有名的是1928年蔣渭水在那裡舉行臺灣工友聯盟成立大會，並在門柱掛上「同胞須團結，團結真有力」的長型掛幅，全體拍照留念，成為臺灣近代史上很重要的文獻資料。

當年的酒家是文人雅士聚會場所，與國府來臺後的酒家型態差異甚大。

【註5】根據南投高中校史簡介指出，該校是於1945年8月由地方熱心人士籌劃設校。

【註6】「未出脫」，臺語意味無法有大出息。

【註7】根據臺灣中小企業銀行股份有限公司的簡介資料，臺灣中小企銀的前身是創立於1915年的「臺灣無盡株式會社」，總公司在臺北市。及同年於臺南市設立的「大正無盡株式會社」，均為民間合會儲蓄組織。前者於1920年為「臺灣勸業無盡株式會社」購併，後者於1926年改組更名為「臺灣南部無盡株式會社」。

1945年終戰後，兩者連同「東臺灣無盡株式會社」、「臺灣住宅無盡株式會社」等4家合會儲蓄機構，均為臺灣省行政長官公署所接收，於1946年9月1日合併改組為「臺灣無盡業股份有限公司」，1947年5月31日，復與奉准接收之「常盤土地株式會社」合併清算，資本額計舊臺幣1千萬元，1947年6月1日因「無盡業」係日制名稱，更名為「臺灣省人民貯金互濟股份有限公司」，又因業務與民間合會性質相近，1948年元月，再更名為「臺灣合會儲蓄股份有限公司」，1976年改為現名。

【註8】今草屯鎮御史里，在中正路與成功路交會處一帶。因略有坡度，牛隻趕到這裡因為使盡全身力氣而大便，因以名之。

【註9】施江南（1902-1947），彰化鹿港人，施家四兄弟分別以「江東」、「江西」、「江南」、「江北」命名，前三位都是著名醫師，老四江北是法學專家。

兄弟中尤以施江南最負盛名，畢業於京都大學，是日治時代第二位獲得醫學博士的臺灣人。日治時期曾任臺北州議會議員、皇民奉公會中央本部參事，戰後曾任臺北市醫師公會副會長，並任教於臺灣大學，致力為臺籍日本兵回臺而奔走；二二八時被推為處理委員會委員。

二二八事件發生時，他因感染瘧疾躺在病床上，卻在3月11日晚間，被人撞壞他所開設的「四方醫院」大門，從床上捉走後下落不明。

新兵43歲

左至右依序為作者陳婉真、林松江、林松江夫人林羅素娥、白權。

受訪者背景

受訪人：林松江
性別：男
出生年月：1924年
訪問時間：2010/11/23
地點：彰化市林宅
訪問人：陳婉真、白權

最年長電腦族

背景說明：日本殖民政府對於臺灣人採取很多差別待遇，有些行業臺灣人甚至不得其門而入，因此，日治時期絕大多數受高等教育的臺灣人，都選擇讀醫學。林松江是少數讀建築的工程師。彰化縣市很多建築物都出自他的設計。

他是彰化縣建築師公會創辦人，目前還是該公會顧問；也是臺灣省建築師公會資深會員，到今年入會整整半個世紀，前不久才獲省建築師公會頒獎。

他的夫人林羅素娥女士畢業於彰化高女（彰化女中前身）。兩人於2008年獲彰化縣政府頒給鑽石婚紀念獎牌，家庭生活美滿。但夫人的話不多，只提到就讀彰女時那一年共有3班，班級名稱分別是「花」、「月」，及「星」班。想不到我的母校當年連班級名稱都那麼詩情畫意。

臺灣省建築師公會資深會員獎。

訪談內容大要：

我是在1944年從日本神戶大學建築系畢業的。神戶大學是國立學校，在全日本排名約在六、七名內，是日本的名校。我畢業的時候臺南工業專門學校（今國立成功大學的前身）剛增設建築及土木等科，那時的教授顏水龍先生希望我能去當講師，但我心想自己還年輕，另一方面也因爲離家太遠，婉拒了他的邀請。

我曾分別在彰工及臺中高工教過書。早期的學生和我的年紀有的只差六、七歲而已。剛開始上課我是用日語或臺語教書，北京語慢慢學會講、聽、看都沒問題，但要我用中文寫作就沒辦法了。我現在使用電腦和朋友或學生通信，也都使用日文。

我也曾在南投縣政府任職4年，1960年回彰化開業，71歲退休，今年87歲。

承襲家業讀建築

家父大我25歲，他的能力很強，我很佩服、也很尊敬他。他是中山國民學校第9期畢業生，我是第33期（因爲他9歲才入學）。他從事營造業，在日治時期是中部最大的營造廠。他從國民小學畢業後就開始學木工，從小木到大木，15歲就當上「師傅頭」。

家父除了精通各種木工之外，土木工程也難不倒他，他還自己學會設計，可以從事3樓以下之磚、木造建築設計。我大約三、四歲的時候他承造民生國小的教室工程，有一次施工中還發生火燒厝。現在民生國小校舍仍有約百分之70是我設計的【註1】，此外也曾設計7、8所學校校舍工程。

家父在我讀臺中一中一年級時，因爲宴請日本貴賓，吃了不新鮮的生魚片導致食物中毒，醫院爲他注射嗎啡，毒物排不出來，十幾天後就死了，喪禮時臺中州知事還派人來弔唁，那年他才39歲。

父親過世後的第二年，家兄繼承他的事業，因爲經驗不足，承包南郭國小的校舍工程，財產賠掉一大半【註2】。

爲了承襲家業，臺中一中畢業後，我選擇到日本讀建築。那時臺灣的高等學校還沒有開設建築科系。

會到日本的另一個原因是臺灣人受到不平等待遇，根本無法出頭天。我讀臺中一中時，全校只有一位臺灣籍的老師，其他清一色全是日本人；臺北高等學校更是幾乎只錄取日本人，臺灣人只有百分之5不到，而且都是像辜振甫這樣人家的子弟才有辦法就學。我們留日回來就業的薪水是一個月50圓，日本人就可以領100圓。處處充滿不平等。

家父林萬溪先生在當年算是有錢人，他把我叔父送到日本讀書，爲此叔叔原就讀臺北師範學校畢業後，因沒有照規定服務年限去教書，父親還幫他賠償公費。父親在16、7歲就賺了很多錢，我記得我在1936年考進臺中一中時，我家的財產有10萬圓，那時老師一個月的薪資是100圓，警察30圓，工友15圓，一中的註冊費45圓，鋼筆1支1圓。

我在1946年元月19日回臺，我搭的是8百噸的日本海防艦，由高雄港登陸。我先去彰商教了兩個月的數學後，又去臺中高工教了1年，雖然臺中和彰化的距離不遠，但那時從彰化到高工沒有客運可達，我只好住學校的教職員宿舍。

接著我又在彰化高工教了7年半。兩位校長對我的考績評語是：「教學有方」。

43歲被徵兵

我在日本時差點就要被調去當兵。因爲日本政府規定讀文科一律要服兵役，理工科可以不必，但學生課長問我要不要服志願役時，我卻同意了。

那時我在叔父的公司打工，有一天我正好被派赴工地，召集令來了，叔叔告訴送件來的人說我行方不明，召集令無法送達。所幸那時已經是戰爭末期，日本也沒有船可以派兵到海外作戰，不久日本投降，我也逃過兵役的召集。

倒是我在43歲時已經是開業5年的建築師，卻被徵調去服兵役。

頭一次徵集令來時，我特別想辦法因而可以不去；第2年又來，正好內人罹患子宮癌須要我在家照顧，縣府還派人來查看是否屬實；第3年沒有理由了，縣府又來威脅說一定要去，否則就要移送法辦，結果被派到兵工學校1個月，還被剃光頭。

我後來得知，原來那時是爲了某幾個將軍的兒子想出國留學，但依規定要先服兵役。就找我們這些四十幾歲的大專理工科畢業老兵作陪，和那些年輕權貴子弟一起集訓，結果他們的體位順利成爲丁等，可以逃避兵役直接出國。結訓後軍方還發了一張兵工少尉證書給我。

我家在市區。除了一間較老舊的本館之外，隔壁另有一間三層樓建築。戰爭中本館沒有受損，三層樓建築被炸壞一部分，包括我工作室裡保存的臺中一中時期的書本全都毀了；我家隔壁鄰居的磚造二層樓房也被炸壞了。

二二八事件發生時我任教於臺中高工，因學校還在放寒假，我在彰化家裡。彰化還算平靜，只聽說警察全都跑掉，警察局唱空城，兵器庫裡的武器任人進去拿，我還看到「黑面的」【註3】不知道在喊些什麼，此外沒有什麼印象。

百萬元度三天蜜月

談到四萬換一元，我記得1948年2月我在高雄一間營造公司擔任主任技師，月薪75萬元，和彰工教員差不多，那時物價就一直上漲，錢越變越薄，我因而回彰工教書，1年後薪水變成1個月17元新臺幣；而我的結婚補助金是17.5元，遲至隔年才領到。

生活怎麼過？我家在火車站附近很多房地產都在那時候被母親變賣掉了，例如環球旅社對面約1百公尺長的相連接店面，以及彰化銀行後面一大片土地也賣了；我母親100萬元借人被倒，只要回50萬元。我結婚時高雄營造公司寄來100萬元薪水，到北投渡蜜月三天兩夜剛好用完。

那時物價波動很厲害，薪水雖然跟著提高，還是比不上物價上漲的速度，我很想買一台日本製的腳踏車卻沒錢買。薪水2月、3月間都還是200元；到了4月提高到4000多元，還是跟不上物價的上漲。

談到三七五減租，我父親在世時，家裡還有七、八甲的田、山地及市街土地，到那時只剩下馬鳴山附近的七、八分農地，是我們四兄弟共業，戰爭期間因為無法耕作而失收，後來就賣掉，因此，對我們而言沒有什麼影響。

更嚴重的差別待遇

以前日本人常告訴我們說中國人很壞，果然真的很壞。

日本人對臺灣人有很嚴重的差別待遇，全臺灣各地方的中學，除了臺中一中是臺灣人捐資創辦的【註4】，除此之外，各地的一中都是日本人讀的學校，二中則是臺灣子弟居多。

然而，中國人來了之後，臺灣人更加受到歧視與欺負。大家都知道，日本時代要讀師範是很不容易才能考得進去的。光復後卻有很多日本時代受正規師範教育訓練的臺灣人只能在學校當事務員，反而是隨軍隊來的，不知是什麼學歷的人，可以堂而皇之的到學校教書。我在臺中高工及彰工教書時就看到好幾位這種遭遇的臺灣人，連退休金都沒有，非常可憐。

尤其國民政府統治臺灣，想任職政府機構，除非你加入國民黨，否則不僅備受歧視，毫無升遷的機會，甚至會

遭到一些不必要的麻煩。【註5】

像我1955年在南投縣政府任職時，李國禎任縣長，他看我是留日回來的，才32歲，特別讓我設計國民黨南投縣黨部的辦公大樓。爲此當時的劉姓主委還專程到建設局找我，力勸我加入國民黨，被我當場拒絕。我一生對國民黨沒有好感。

當年江炳坤小我9歲，就是被拉入黨後由國民黨栽培到日本留學，不過我和他並不相識。林洋港也因爲同住宿舍的關係，我們還一起吃了兩年伙食團的飯，他都稱我爲老大哥，他們當官後我就未曾去找過他們。

【註1】民生國小早期只招收女生，係彰化首屈一指的名校。早年校舍建築多為木造，後經過多次改建，目前均為鋼筋水泥建築。此處指林松江父親時代就曾興建民生國小校舍，直到目前多數校舍還是由林松江建築師所設計建造的。

【註2】曾任教於南郭國小的林建築師同學楊承家先生說，當年南郭國民學校校舍興建時，因為正逢1930年代的世界性大蕭條後不久，加上1937年開始日中戰爭，臺灣也受到波及，各項物資全面管制，原物料不斷上漲，導致建商損失慘重。

【註3】前彰化縣長呂世明的胞弟呂俊傑的綽號。

【註4】霧峰望族林獻堂等人，於1913年聯合北部及中部士紳向臺灣總督府請願，表達臺灣人出錢成立臺中中學的意願，1915年公立臺中中學成立，即臺中一中前身。因此，傳統上中一中多數是臺灣學生，反而二中是日本人讀的學校，日本人想把它改過來，但臺中一中的校長不肯，日本人也無可奈何。

【註5】戒嚴時期，中國國民黨的勢力無所不在，連軍隊及學校都不

例外。

1968年作者就讀國立臺灣師範大學時，尚未入學前的新生訓練排定時程為3天，3天中最重要的工作就是所有學生都要加入國民黨。

因為師大是公費，不但免繳學雜費，每月還有公費及公糧可領，負責的學長以威逼利誘等各種方式，諸如：「你領了國家的公費，就應該效忠黨國！」；「未來畢業後的分發，有沒有入黨是能否找到好學校的關鍵。」；「如果你要當兵或出國，沒有入黨會很麻煩。」……等各種理由，非要所有新生都填寫入黨申請書不可。結果全班除了一位來自排華激烈區的印尼僑生之外，全部乖乖加入中國國民黨。

你們要去抗議誰？

施家和及其夫人施劉甜。

受訪者背景

受訪人：施家和

性別：男

出生年月：1932年

訪問時間：2011/1/5

地點：施宅

訪問人：陳婉真、湯文忠

背景說明：自1950年起至1997年間，在溪湖鎮公所服務47年，歷任溪湖鎮公所清潔隊隊長、民政課長、財政課長及祕書等職，妻子施劉甜曾任第十屆溪湖鎮鎮民代表會代表。

任內曾編著溪湖鎮誌，對溪湖鎮內大小事瞭若指掌。曾任聯合報記者湯文忠先生因多年來一直採訪溪湖地區新聞，和施先生成爲朋友，非常肯定他的爲人處事，特別介紹採訪。

訪談內容大要：

你們要去抗議誰？

湯文忠（以下簡稱湯）：我剛剛一來，施先生就提到二二八時他唸員農，這段很精彩，可否請您先從那一段說起。

施家和（以下簡稱施）：二二八那天早上我一如往常，從巫厝庄，就是現在高速公路員林交流道附近，搭五分仔車到員林車站。很奇怪，那時還沒有手機，通訊也不如現在，但是，

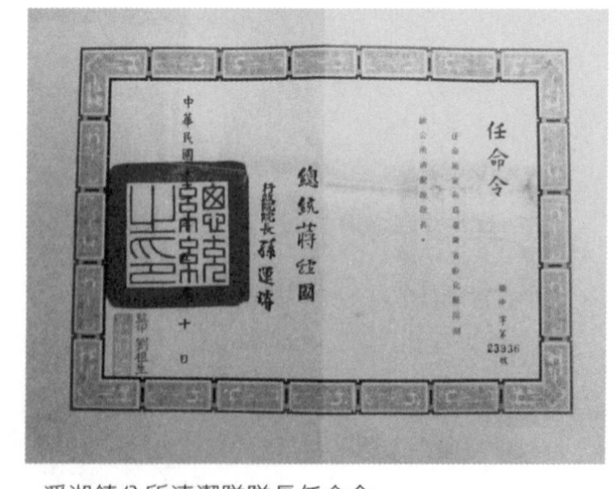
任命令

23936 號

總統蔣經國

行政院長孫運璿

中華民國　十　日

溪湖鎮公所清潔隊隊長任命令。

前一天晚上在臺北發生的事件，已經傳到這裡來了。我才到員林火車站，剛下車都還沒走到員農，沿路就有人在談論二二八的事了。

員農的全名叫員林農業職業學校。光復後是由呂英明接收，他是後來擔任縣長的呂世明的二弟，老三名叫呂俊傑。

那天如果不是呂英明阻擋，已經有人叫了兩台卡車準備到臺中去支援，從東山那邊也有上百人都聚集過來了，因爲他們早在日本時代，包括百果山及員農的校舍，總共有好幾十甲土地被日本人徵收，國民政府來了又接收過去，居民心有不甘，串連起來要去抗議。

呂英明把學生及群眾都集合過來，當場詢問鄉民，你們的抗議對象是誰？你們要怎麼去抗議？群眾答不出來，就這麼把他們阻擋下來。

那時溪湖是以陳萬福爲首，林才壽帶隊，也成立自衛隊。後來林才壽有一陣子躲起來，幾乎走投無路，也曾被判死刑。二二八很恐怖。

湯：早期員農畢業的約八、九成都擔任公務人員。我丈人也是員農畢業後擔任公務員退休。

施：不只公務員，彰化縣各級農會幹部也多半是員農畢業的。

員農在日本時代有兩屆畢業生。我是光復後第二屆，算是第四屆。

我國小畢業是拿日本的畢業證書，小學時曾想改日本姓名，因爲戰爭越來越激烈，沒改成。但日本人老師已經爲我取好姓氏叫做「市岡」。我們班上有人先改的，連戶口謄本上都改過了。

我四年級到六年級的老師都是日本人。校長也是日本人，很兇，早上如果遲到，叫來排排站，「五筋架」【註1】就往頭上敲下去。

因爲戰爭，情況很亂，連三餐都吃不飽，所以我畢業後就在家裡閒晃。也沒想到是否要升學。偶而去幫忙做些農事。

有一次，我和父親一起，一個拿扁擔，一個拿畚箕，正準備到田裡掘番薯。就在巫厝的五分車站附近，碰到美軍B29來轟炸，父子倆趕快跳到中溝裡去躲起來，中溝就是介於馬路和稻田中間的水溝，當時的水溝沒有鋪設水泥，只有土堤，溝裡也還很乾淨，那是離戰爭最接近的一次。

事後我們聽說鄰庄李厝有婦女被掃到，死了。那次最令人害怕。

戰爭中溪湖糖廠也被掃射。但不是很嚴重。

那時家中父親年紀已經很大，而我還太小，所以沒有人被徵調去當兵。

第二年降伏後，晚我一屆的畢業生紛紛去學中文，我也沒去。

又過不久，有朋友約我去投考員農，父親說也好，去考考看，放榜後，媽厝國小二十幾個考生中，只有我一個人考上。

我在答考卷時，不會用中文表達的，就用日文。當時就是這樣。我們讀員農時，有些老師也用日語教書。像一年級的植物老師，都用日語教我們。有一位黃大山老師，剛從日本讀完書回來，國臺語都不會，只會日語，就用日語教課。

我在溪湖鎮公所任內，有一次到日本，正在翻閱他們的報紙，旁邊一位日本人問我怎麼看得懂。我說我國民小學是日本留學生。那個日本人很敏感，馬上說那你是臺灣來的。

校園霸凌始自日本

日本投降時我還小，沒什麼特別的感覺。不過，在日人尾，我們媽厝國小曾發生以前被日本人老師或校長修理的學生，把校長抓去打。

即使到光復初期，我們剛讀員農時，也常發生二年級打一年級的情況，書包揹單肩就被叫去「說教」。

我也被二年級生處罰一次，他說我書包揹單肩，像流氓，把我叫到員林五分車站旁的竹圍叢裡「說教」，後來他留級和我同年，就被我修理回來，把他壓倒在桌下。

湯：原來校園霸凌事件早在那時候就有了。上級生欺負下級生老師不管？

施：不管。我那件事是在校外，管不到；在校內也會有兩、三個高年級生來，像老師一樣，站在講台上教訓全班呢。

日本時代就這樣。呂英明告訴我們說，他在東京農業大學就讀時，也被上級生修理，叫去擦皮鞋。我們初進員農時，學生間還有日本時代的遺風，如果上級生對你說教你不理他，他會跑到教室一直到找到人爲止。

我們的自保之道就是去向三年級生告狀，一年級被二年級修理，一年級生就去找三年級生把二年級生修理回來。

員農在日本時代是五年制，我考進去時已變成三年制。當時員農是省立學校，永靖農工原是縣立的，現在全都改爲國立，都改爲高工，農業都不見了。

我從員農初級部畢業，繼續讀高級部，但到了二年級，因爲溪湖鎮公所有缺，我就到公所去上班，有頭路就不讀書了，因爲那時家庭生活很苦，希望早點就業改善家計。

剛進去月薪75元。那時公務員薪水不好，一台腳踏車要兩、三個月的薪水。

四萬換一元有印象，但忘記了。只記得那時糖廠和農會的員工薪水都很高，福利又好，還聽說糖廠員工在物價波動最嚴重時，薪水也跟著漲，一個月領好幾次錢，每次都要拿布袋去領。

承辦三七五減租業務

我們是窮人。我父親原先自己的田就有三分多，都是自己耕種，所以實施三七五減租時，我們既沒有被徵收，也沒有放領到農地。那時正好就是我剛進公所服務的那幾年，我也正好承辦該項業務。

耕者有其田簡單說地主的農地如果是共有，全部都要徵收後放領給佃農，由佃農分十五年攤還。若是地主自有，就依三七五減租條例規定辦理【註2】。

三七五減租條例有規定多少年不繳租金，農地就要還給地主【註3】。當時的人很希望擁有田地，因爲沒有地就沒有飯吃。不像現在，農地沒人要；現在因爲技術改良，單位面積產量也增加很多，第一期作每分地都可以有一、兩千斤的稻穀，第二期也有七、八百斤。

我在公所處理很多這類問題，但糾紛很少，如果碰到農民沒繳田租的，就叫他趕快來繳，沒錢他也會去借來繳。

陳婉眞（以下簡稱陳）：我看很多租佃的糾紛，像是租約竟然也可以繼承，實在是很不平等的合約。

施：那要看雙方的所得多少。如果佃農又有其他職業，地主反而變窮，佃農就不能再續租；此外，也規定佃農不能轉租給其他人。

陳：我碰到有些租佃問題，雙方都已經繼承到第三代了，地主還是無法收回土地；還曾聽說地主索地竟然差點遭到佃農圍毆的。

施：總之，一切都要照三七五減租條例處理。的確，在這個問題上，政府比較偏袒佃農，鄉鎮公所也都要設立租佃委員會，所有租佃糾紛都要先經過租佃委員會調解，不成立才送法院。調解委員會不能調解租佃問題。

在我們這裡，現在都已經沒有什麼問題，再有問題的，多數是雙方私下解決。大家講好分成比例就沒問題。

【註1】以五支手指張開，手背向下敲打，臺灣話謂之「五筋架」。

【註2】「耕地三七五減租條例」全文共31條，於1951年6月7日制定公布，歷經3次修正。耕者有其田原是國共內戰時中國共產黨提出的口號，國民黨退守臺灣後，由於掌權人都沒有土地，因此立刻採取共產黨的方式雷厲風行。

然而，當初以公權力強制採取的手段，於2004年7月9日，經大法官公布釋字第580號，全文雖多為政策背書，仍指出條文中規定：（1）「耕地經依法編定或變更為非耕地使用時，出租人應給予承租人終止租約當期之公告土地現值，減除土地增值稅後餘額三分之一」之補償；以及（2）出租人為擴大家庭農場經營規模，收回耕地時，準用前述之補償。兩者違憲。並規定應至本解釋公布日起，至遲於屆滿二年時，失其效力。

本案於2009年12月21日，立法院內政委員會僅完成初審，並未依大法官解釋應於2006年7月9日起失其效力，且修法的方向僅將強制性的三分之一額度補償，改為由雙方協議，對於超過一甲子以來地主所蒙受的損失，以及無數租佃雙方的糾結，並無任何實質意義。

【註3】「耕地三七五減租條例」第17條第1項第3款規定：「地租積欠達兩年之總額時」可終止租約。若干佃農於是每遇地主催繳，即寄1951年約定的1個月租金金額，以此規避「兩年總額」的規定，地主依舊無法終止租約。

鏽蝕的武士刀

郭芝苑（左）。

受訪者背景

受訪人：郭芝苑、阮文池

性別：男

出生年月：1921年12月5日（2013年4月12日逝世）

訪問時間：2011/7/15；7/21

地點：苗栗縣苑里鎮郭宅

訪問人：陳婉真、張宏久、林雀薇

背景說明：他的作品傳唱華人世界，作品的型式有歌劇、管弦樂、協奏曲、鋼琴曲、室內樂、合唱曲、藝術歌曲、流行歌、臺灣民謠、流行歌再編、童謠……等，可謂貫穿古今，雅俗共賞，卻又風格嚴謹，阮文池形容是「以天籟之聲，以不同的形式，記錄了由小市民至知識分子，由廟口至音樂殿堂的所有心聲」，是臺灣重量級作曲家。

他的華文作品中很多源自唐詩或中國古典小說，如「楓橋夜泊」、「涼州詞」、「白蛇傳」，更多來自採集臺灣各民族的歌謠特色，包括南北管、歌仔戲、原住民音樂等，如「臺灣弦律」、「臺灣吉慶序曲」、「唐山過臺灣」。

他有很多傳世作品，很多人會唱，卻很少人知道作者是他，例如：「沙漠中的紅薔薇」、「阮若打開心內的門窗」，還有被鳳飛飛唱紅的「心內事無人知」等，都是膾炙人口的經典好歌。至於「楓橋夜泊」、「涼州詞」則被歸納爲中國民謠，別說版稅分文未得，連作者是誰都鮮爲人知。

日本人譽為人間國寶

他也創作日文歌曲。他在2007年雖已屆86高齡，還到日本福岡舉辦發表會，日本人稱他爲臺灣的人間國寶與民族音樂第一人。

他是臺灣第一位完成正歌劇的編曲者（「許仙與白娘娘」，1984年）、第一位發表管弦樂曲（交響變奏曲「臺灣土風交響變奏曲」，1955年）、第一位發表鋼琴協奏曲

（1973年完成，1974年發表，由李泰祥指揮）的作曲家。

他並以交響曲「唐山過臺灣」作爲感念他的祖先移民臺灣，奠定郭家經濟基礎，讓他得以無後顧之憂從事音樂創作的獻禮；也曾創作「前進！臺灣人」，及二二八受難家屬阮美姝思念父親的「啊！父親」藝術歌曲。

他對音樂的執著與努力不懈，令很多後生晚輩至爲敬佩。他的好學不倦，喜歡買書讀書的習慣始終不變，家中藏書豐富而多元，經常發表各種音樂介紹及樂評等論述，一如阮文池老師所說，音樂界像芝苑先這麼愛讀書又涉獵廣泛的人很少。

直到90高齡的今日，他依然每天埋首案前創作新的作品；有感於臺灣兒童歌曲的欠缺，他近年加緊創作許多童謠，因此，他的創作時間之長，已在臺灣創下空前紀錄。

郭芝苑先生一生得獎無數，他曾於1938年得到全日本學生口琴比賽第一名；1987年榮獲金曲獎作曲獎；並分別於1993、94年，獲得吳三連藝術獎音樂類、國家文藝獎音樂類等殊榮。

早年因爲戰爭及戰後的長期戒嚴等因素，郭芝苑先生的成就長期被埋沒，連他周遭的人也不認同他的孤獨創作方式，頻遭冷落，他卻始終堅定前進，創作不輟，並在1966年第三度赴日研讀音樂。直到90年代他的成就才得到遲來的掌聲，並於80歲生日當天，獲靜宜大學頒予榮譽博士學位。

他的人生雖因爲戰亂及政權更迭而充滿荊棘，他的音樂卻是輕快優雅，幽默風趣，充分詮釋斯土與斯民的形象

90高齡的郭芝苑指導合唱團的背影。

與心聲。

在兩次訪談中，靜宜大學講師阮文池老師全程陪訪。主修聲樂的阮老師在1993年重新認識同鄉的芝苑先，首次發現原來日治時期臺灣就有很多優秀的人才，而非如國民黨宣傳的：他們帶來一批優秀的人才，臺灣才能有今日的繁榮。

他因為認同芝苑先「本土性就是世界性，民族性就是國際性」的理念，1994件起即自願追隨芝苑先，兩人合力巡迴各地演出推廣，介紹芝苑先的作品及臺灣本土音樂之美。

他們在苑裡及鄰近鄉鎮召集一些在地人士，組成合唱團，團員中有來自菜市場小販，也有家庭主婦、退休老師等，絕大多數沒有受過正規音樂教育，經過芝苑先及阮老師的細心調教，不但在全臺各地舉辦多場大型演唱會，也曾遠赴日本；就在訪問過不久，他們還飄洋過海，到美國夏威夷演唱。

他們不執著於廟堂的演出，反而更重視到窮鄉僻壤去推廣臺灣音樂之美；平日的例行練習時，除了在芝苑先的自宅，阮老師也常在他家中，讓合唱團成員們每人帶一樣茱，先用過餐後，即展開練唱，練唱期間，90高齡的芝苑先雖然必需佩帶助聽器，仍然經常親臨現場督軍，仔細聆聽團員的表現，稍有走調或音量大小未符合者，立刻糾正，要團員們重來，他的嚴厲程度令團員們不敢稍有懈怠。

訪談內容大要：

恐怖的日本警察

我是孤獨的人，每天都在家裡寫作，和社會並沒有溝通。

日本時代臺灣是殖民地，到臺灣來的日本人大多是一些官僚、警察等，和地方上一些有志人士（意見領袖）例如里長、鎮長等，溝通沒有問題；對於一般人民，他們就比較有優越感。所以日本時代一般人很怕警察，小孩子哭的時候，只要哄說警察來了，他馬上停止哭泣；從警察局經過，常會聽到有人被警察打得哀號呻吟的聲音，其實被打的人也不是犯什麼罪，不過是環境不衛生等小問題而已；我曾看到一個女人因爲愛賭博，警察一罵，她就哭出來了。那時光是經過警察局，就是一件很恐怖的事情。

我到日本讀書時，情形完全不一樣，他們對待我們很平等，對臺灣人很看重。因爲臺灣人到日本的，以讀書或是做生意的居多。

日本人對朝鮮人就不一樣，那個時代朝鮮的經濟遠不如臺灣，到日本的朝鮮人通常是做粗工的，像從前的廁所還沒有抽水設備，肥水是用人工掏的，那樣的工作多數是朝鮮人在做。臺灣人經濟狀況比較好，所以臺灣人在臺灣受到日本人的不平等待遇，在日本本國反而不會。

同樣是殖民地，朝鮮人性格比較強烈，他們又比較貧窮，比較讓日本人看不起。我曾看到朝鮮人和日本人打架，旁邊3、4個朝鮮人立刻就聚集過來一起反抗。臺灣人比較順服。

我先在長榮中學讀了兩年後，1936年到日本讀高中。第二年日本開始攻打中國。

1941年，我中學校畢業剛進入東洋音樂學院，暑假曾回臺灣，返日本不久卻接到父親病逝的消息，再度返鄉處理後事。不久發生珍珠港事變，親戚都勸說時局不安，我又是長子，有責任管理家業，勸我不要再去了，唯恐去得了回不了。

所幸第二年我一個外甥要回日本繼續學業，找我一起去，他說：「你家又不是做生意，只是收租。」他認爲我母親就可以管理得很好，因此說服母親，我又到日本繼續讀書。

我沒有回到東洋音樂學院，改讀日本大學的作曲科。因爲在東洋主修小提琴時，發現我的無名指天生彎曲無力，不能拉小提琴，右手也不能彈鋼琴。讀音樂卻無法彈鋼琴，心情非常沮喪。

我父親對音樂很有興趣。我在1941年暑假回來時，帶回一些西洋音樂的唱片和他一起欣賞，他聽到大提琴演奏曲很感動，要我學大提琴，我不敢講，他不知道我連小提琴都沒辦法拉，何況大提琴？

因為這個原因，重回學校後，聽了很多蘇聯的現代音樂，我決定轉修作曲。

戰火下的流浪藝人

阮文池（以下簡稱阮）：所以芝苑先是全臺灣第一個主修作曲的音樂家。直到今天，臺灣學作曲科班出身還很少，在那個時代更是唯一的。陳泗治是鋼琴家；呂泉生是學聲樂的。江文也本身是學聲樂的，他的作曲完全是靠自我學習。

郭芝苑（以下簡稱郭）：回臺灣之後才知道，有一個後輩也學作曲，只是後來沒看到他有任何活動。

阮：那是李如樟先生，他似乎離開音樂界。

郭：因為戰爭中，學校無法正常上課，都是在做工或是軍事訓練。只有每個星期一校長在禮堂演講而已。後來學校鼓勵學生當志願兵，我心想不回來不行，先辦理退學後，到神戶等船，卻已經沒有船隻了，因為美軍潛水艇已經把日本的海域全面封鎖，沒辦法，只好疏開到九州的熊本市。

到九州後，盛傳美軍可能在九州登陸，朋友勸我到山形比較安全，他們說東京一些藝人會到那裡演出。

剛去時問題重重：想租房子沒人願租；和朋友住，又被房東干涉，說你怎麼可以再找朋友來，你多一個人住，我就要多準備糧食。日本人實在很有責任感，朋友來，房東連吃的都要幫忙準備。

怎麼辦？去軍事工廠應徵又不被採用，因為鄉下人不敢信任殖民地的人，若是在東京或是大阪等大都市就不會。

還好天無絕人之路，我看到報紙上刊登山形藝人協會徵求藝人的消息，趕緊揹起一些衣褲家當，一肩一把小提琴，另一肩是30幾隻口琴，形同浪人，就這樣去藝人協會應徵。負責人問說你會什麼？我當場表演22支口琴同時演奏，他很驚訝說原來口琴也能這麼奏。他告訴我說日本最強的小提琴家就是他的弟弟，後來我曾跟隨他弟弟學琴。

阮：那個藝人協會是官營？

郭：官營，各地都有。日本政府規定演藝人員表演者都要有「技藝證」。我沒有。技藝證要申請。我老闆幫我申請，還沒下來日本就戰敗，沒有用了。

流浪藝人的生活雖然不到一年，老闆夫婦都對我很好。老闆娘曾是日本很有名的東寶歌劇團的女主角。我們這團名叫「松竹」，也很有名。頭家約是60多歲的人，老闆娘才30多歲，育有一子。我平日就和他們住在一起，有演出時我就去表演。

阮：芝苑先那時的口琴非常強，不是普通的強。

郭：因為口琴是很大眾化的樂器，看到我那樣吹，大家覺得很稀罕。現在的口琴有一些改良，比較不適合獨奏，需要鋼琴伴奏。

一次吹22支口琴的真功夫

阮：他當時的口琴功力不是普通的，而是非常複雜，猶如在表演特技一般。等於他一個人就可以全場演奏好幾聲部的改編的大部頭西洋樂曲，演奏中一直轉調，有時彷彿成爲小提琴聲。他連鼻孔也可以吹奏。

郭：沒啦，鼻孔要怎麼吹？

阮：反正一個人一次吹好幾十支，鼻子下也夾3支，看起來好像連鼻孔也可以吹奏。

郭：臺灣的皇民化運動時，政府鼓勵臺灣人改姓名，日本內地沒有，多數在日本的臺灣人並沒有改。我是在唸書時爲了參加口琴比賽，老師建議我改個日本名字比較不會受到差別待遇，影響到名次。因此，我就用了「芝園格」，芝苑是我的名字，格是英語的郭，唸起來就是「芝苑・郭」。

我在山形縣時天皇廣播宣布投降。我們正在表演，一聽說天皇要廣播，大家趕緊去一家不認識的洋服店一起聆聽，聲音沙沙的很不清楚，但知道是戰輸投降，女人都哭了，有些男人不服輸，說日本男人還很多，他們要繼續去打仗。和我一起表演的大提琴師私底下小聲對我說，我們是平民，誰來管都一樣。所以說日本人也一樣，有強烈愛國心的；認爲無所謂的也有。

戰爭期間我常想，日本如果戰敗，臺灣回到中國更好。所以聽到日本戰敗時我很歡喜，倒是老闆說：「你先別高興太早，我們在戰爭中輸是輸美國，不是支那，美國和蘇聯未來還會再戰，國民黨政權是一個腐敗的政權，你們臺灣人被它統治不可能會幸福。」老闆還告訴我說：「你不如繼續住在日本，你的所學才能有所發揮。」

那時對中國完全不了解，在九州等船回來時，好多臺灣人都很高興終於能回歸祖國，大家紛紛學唱國歌，學習三民主義。也聘請一個中國人來教我們ㄅㄆㄇ。

戰爭中日本實施物資統制，戰後初期物資更缺，只是有錢的人依然可以在暗地裡買賣，日本話叫闇市（やみいち）。我們在等船回臺灣期間，就到九州鄉下買豬肉，再到東京、神戶、大阪等地去賣やみいち私貨。戰後因爲中華民國成爲戰勝國，我們變得權力很大，一些臺灣人後來還去交涉到一台貨車，整台卡車載滿豬肉去轉賣，更方便。

那一陣子日本人要搭火車，必需從晚上排隊排到天亮才買得到票，我們一去就有。日本人好羨慕我們。因爲臺灣人把整台火車包下來，所以不必排隊。

我們回臺灣的船，是在九州的臺灣人特別成立一個會去爭取的。船一到基隆，喔啊，看到那些中國兵，穿著鋪棉裘，穿草鞋，有一些民眾好奇到港口觀望，中國兵仔就拿起皮帶摔打趕人，我看到時心想，夭壽喔，那些穿鋪棉裘的哪像兵？比較像苦力，旁邊同船回來的人說：「啊，不對了，不對了，我們回來眞的不對了。」

趕人像趕狗的中國兵

日本警察很有威嚴，一聲令下，大家都很守規矩。中國兵趕人像在趕狗。那些中國兵不知道臺灣人已經相當守規矩，不必用中國那種方式趕人。所以對他們印象很壞，不只我如此，大家都說回來是錯誤的。

陳婉眞（以下簡稱陳）：您覺得回來對嗎？

郭：我如果繼續留在日本，當然對我在音樂方面的成就應該是比較好的。日本沒多久就復興起來，臺灣在接下來的20年可以說是文化的沙漠期。

陳：據我所知，日本在戰爭中也禁止美國的音樂。

郭：因爲禁止英美的音樂，他們就大力獎勵本國的作品，獎勵日本人創作，增加日本作曲家演奏的機會，反而是很好的事情。

陳：但日本很多都是學習英美。

郭：大部分學習自德、法、義大利等先進國家。

陳：美國有些如爵士樂等，好像在日本也很受歡迎？

郭：那些也都禁止。後來連舞廳也禁。

陳：您回來後對您來說，怎麼說……。

郭：對我來說天地整個反轉過來！ 一切要從「壓壹仔」【註1】開始。

阮：這是我們苑裡人做草蓆特別的形容詞。「壓壹仔」是藺草編織的第一道手續，也就是最基礎的意思……。

郭：從頭開始啦。所以我一輩子沒去當老師，也沒當官，話語不通，都在家裡創作。話說回來，有這樣的創作環境也不錯，只是無法出頭天。

阮：新竹那一段要說。

郭：我回來大概5、6年後的事，那時新竹師範的校長，和李遠哲的爸爸，以及一位音樂老師，3個人來找我，請我去擔任他們學校的音樂老師，原本當老師我就不喜歡，加上言語不通，我說我不會講北京話，怎麼當老師？我也沒有當老師的經驗。李遠哲的爸爸說：「言語的問題比較快，我現在說北京話，外省人不知道我是本省人。」我說：「我沒辦法和你一樣。」

埋沒鄉間50冬

臺灣在日人時代已經很現代化，陳儀來後都是一些拉雜兵仔，臺灣人因此看輕他們，發現咱們比他們優秀，所以看不起外省人。這方面的笑話很多，例如看到自來水，以爲到五金行搶個水龍頭來，插到牆壁上，水就會自然流出來。

這種由文化水平低的，來管理我們文化水平高的現象，導致臺灣人覺得讀書沒路用，像他們這麼差勁的都可以當官，還是賺錢卡要緊。他們（指阮文池老師）那一代沒看過的不知道，以爲外省人地位高，很高尚。我們不是，我們看過中國人落伍的實況，自有我們的看法。

尤其日本時代很重視品格教育，國民政府到臺灣之後，沒有人格教育，只能培養一些有學歷的土人，甚或是有學歷沒品格的人。

阮：我從小以爲外省人很了不起，因爲學校教我們，外省人都是所謂「堂堂正正的中國人」，我們臺灣人和他們沒得比。我從小是如此感覺。

陳：我的上一代也看不起中國人。

阮：我以前的確相信他們教的那一套，覺得他們很高尚，臺灣的藝人了不起就是像豬哥亮那種人而已。總之就是要讓你以爲，他們連歌星都比我們臺灣人高尙。

陳：這是他們營造出來的一種整體氛圍。像郭先生這種人才就只能被埋沒在這樣的鄉間。

阮：對，郭先生既是戰爭的犧牲者，又被中國人統治而成爲「失聲的一代」。其實，和他同時代的中國，找不出半個像郭先生這種人才咧。

20世紀的音樂，簡單說就是那種「無調性音樂」，這麼前衛的東西中國沒有，所以江文也到中國，他們中國人非常歡迎，因爲江文也讓中國音樂走向現代化。

我後來才知道，當時中國的音樂界很落伍，不像芝苑先他們學的那麼進步，然而，我在大學時讀音樂史，介紹郭芝苑2分鐘就過去了，只說有這個人，會吹口琴，如此而已；反過來介紹黃自等人就一大篇。

事實是，在那個時代，全中國及臺灣，正港音樂家只有江文也和芝苑先兩人。黃自只會寫歌，只有芝苑先會寫管弦樂、室內樂，歌舞劇等。要當個作曲家，就是管弦樂、室內樂都要會寫，才夠格。

我在美國只知道要反對國民黨而已，那時只知道賴和、楊逵等文學家，我不知道咱有大牌的音樂家。我在1993年才碰到芝苑先，翻他的作品才知道原來他的地位是如此高。

陳：所以芝苑先被國民黨耽誤50年。50年後阮老師才發現臺灣的人才在此。

郭：因爲我沒去學校教書。

陳：但您的作品像「紅薔薇」、「楓橋夜泊」等，我們從小就會唱了。

瑜亮情節？

阮：在音樂人而言，那幾首雖然很有名，但那是比較小的作品。像呂泉生他的作品只有合唱、聲樂獨唱等，從專業的角度來說，這樣還不足，一定要會寫管弦樂，結果你看每每在介紹呂泉生都是一大篇，爲什麼介紹芝苑先就只有簡單帶過？我認爲這很不公平！是因爲有人故意如此。這人就是許常惠。

他是當時音樂界的領導者，是學者，你看他介紹呂泉生就是一大篇——我不是說呂泉生不重要，他應該被界定爲音樂教育家，如果說他是偉大的作曲家，比較說不過去，因爲他不是一個專門作曲的人，他是聲樂老師，所寫的只是很簡單的合聲而已，談不上職業水準，不錯，呂泉生對臺灣的合唱教育有貢獻，值得大篇幅介紹，但介紹芝苑先時不要這樣只有幾個字帶過，我看起來他是半故意的，我至少也算是半個專家，因爲他是最瞭解芝苑先的人，他管弦樂聽很多，卻又這樣故意忽視芝苑先……。

陳：你覺得這是不是有所謂的「瑜亮情節」？

阮：我認爲有，因爲他比較年輕。

郭：他不認定我是他前輩，他小我8歲，呂泉生大我5歲。

阮：這事一般比較沒有人提起，簡單講，我認爲許老師是因爲一般臺灣人認爲現代音樂是他由法國帶回來的，他已經建立一個地位，讓人認爲臺灣現代音樂若不是我許常惠從法國帶回來，不知又要晚多久。而現在有一個前輩在他之前早就在寫現代音樂了，這樣對他而言，可能有損他在音樂界的地位吧。反正芝苑先是很沉默的人，他大概看準他不會有意見。許常惠在臺北音樂界可以說是「喊水會結凍」，音樂界幾乎都是他的學生。

陳：陳郁秀也是他的學生。

阮：他們對芝苑先也不錯，但是每提到這事，他的學生們都避而不談。

郭：顏綠芬知道這事，有一次大家在一起的場合，她特地找我和許常惠併肩坐一起。

阮：希望他們能和好，因爲她們也不樂見這種情況，但我覺得該批判就要批判。

臺灣音樂史裡，芝苑先應該是最重要的人。第一位是江文也，第二位就是郭芝苑。只是因爲江文也從小到福建，後來到日本，最後客死北京。他是影響芝苑先寫臺灣音樂的人。除了江文也之外，臺灣音樂史上其次就是芝苑先了，這樣他重不重要？

許常惠的作品和他沒得比。有一個原因是他的爲人不錯，他會照顧學生，這一點芝苑先不如他，您比較不會照顧人。許老師的手腕也很好，無論哪個政黨上台，他的關係都很好。

他是有些研究，但在作曲方面遠遠比不上芝苑先。因爲在音樂界裡作曲家的地位較高，所以許常惠自己說是作曲家。臺灣音樂史上也把他界定爲「偉大的作曲家」。一般也有這種錯覺，誤以爲爲許常惠遠優於郭芝苑。

郭：我們還是要強調，許常惠在臺灣音樂史上有他的地位。

阮：芝苑先爲人厚道，所以強調許常惠有他的地位。不是說許沒有地位，我只是覺得他沒有把芝苑先介紹出來，這樣比較不好。

寫〈臺灣頌〉

陳：芝苑先，您到今天還在作曲，可能是臺灣有史以來，可以說幾百年來第一人。

阮：幾千年來第一人！臺灣有史以來沒有一位作曲家如您這般寫作的時間那麼長的。

陳：世界音樂史上大概很少有人音樂創作時間這麼長，又跨越兩種文化、兩個時代。

阮：不過芝苑先因爲戰爭的關係，創作的時間比較晚。他眞正寫出第一部作品是在30幾歲，應該算是比較晚的，你看西洋作曲家有的30歲就死了。

郭：我回來臺灣時，全苗栗縣有鋼琴的只有3個人而已，整體的音樂環境很差。

阮：西貝留氏也活到90歲，他寫〈芬蘭頌〉。他很愛國，芝苑先也是愛國的。

郭：我寫〈臺灣頌〉。

阮：你有沒有聽過？芝苑先最喜愛人家先聽他的音樂，因爲他說：「你要採訪我，就要聽我的音樂，因爲我講的話比不上我的音樂。」

郭：這個〈臺灣頌〉我認爲還要改，因爲當時合唱團只有40多個人演唱，應該要有個80人。

阮：最好是一、兩百人來唱更好。

這個〈臺灣頌〉是陳水扁剛選上臺北市長後，老師把一曲舊的作品修改爲〈大臺北進行曲〉，我記得就是婉眞姐你說不用強調大，因爲不一定要大才是好的，我們採納，後來又改名，本來要取名爲〈大臺灣進行曲〉，最後定名爲〈臺灣頌〉。

第一部臺語歌舞話劇

陳：再回過來說，您回臺後您說從「壓壹仔」打起，天地顚倒翻後，您如何又翻過來？

郭：剛回來時的確如此，就是一切從頭開始，轉不過來，和中國仔的習慣也不合，大多在家裡寫作，也成立樂團到鄉下去巡迴演出，也曾在廣告公司上班，製作一些廣告歌及電台的演出歌曲，在廣告公司工作3年。

後來有一家名爲「玉峰」的影片公司，頭家名字叫林傳洲，藝名林博洲。

阮：他也很有名，是寫劇本的。

郭：他是日本時代到日本唸書時，就在一家演劇場學導演，也曾到東寶影片公司任副導演，有導演的經驗。日本時代他曾作了一齣名爲《閹雞》的演劇，由呂泉生配樂，在當時很轟動。

林先生終戰後回臺，他家在鶯歌開礦坑，平日因爲接他父親的事業，比較沒有時間發揮音樂方面的興趣。又想說臺灣的電影落伍，他想自行出來從事電影事業。可惜時機有點晚，如果早一點就好。

一開始他不用現成的明星，而是自己培養演員，大約錄取了三、四十個人，拍片器材還在訂購階段就先到一家「湖山製片行」訓練，先由舞台劇開始，集訓時間大約半年多。那時林博洲寫了一部《三國誌》中貂蟬和呂布的故事劇本，請呂泉生作曲，因爲呂泉生在中廣的工作忙不過來，介紹我去。

這3幕8場的古裝歌舞臺語話劇經過半年多的訓練之後，於1958年10月3日起，在臺北的永樂戲院表演兩個禮拜，雖然宣傳不夠，但看過的人都很感動。楊肇嘉也去看了，他對林博洲說：「哇，你做這種事一定要政府來做才有辦法，像你這樣做，大概只能做一次，下次就沒辦法了，你還是趕快去拍電影比較要緊。」反而勸他不要再做下去。

林雀薇：《貂蟬呂布》是臺灣有史以來第一部臺語音樂歌舞劇，我們現在還在唱它的主題歌。

阮：有些臺灣派人士反對，認爲這是中國的故事，你們還在唱，簡直在替中國宣傳。事實上我們有我們的困難。

我是覺得要給臺灣的藝術家一些時間，可能還要幾十年後，讓臺灣的藝術家創作出我們自己的作品。我們的演出，其實也在批判中國的文化，基本上中國人對女性的歧視與物化我們並不認同。

郭：林博洲已經在四、五年前過世了，我覺得很不捨，很想再演一次。那個台詞很長，要好幾個小時。

阮：它原本是歌舞劇，音樂只是陪襯，現在改過之後，改爲以音樂爲主體。

郭：當年的女主角也參加演出，改演阿婆。

阮：您看以前連我們讀音樂的人，都完全不知道早在1958年就有臺灣人的話劇創作這件事。

鏽蝕的武士刀

郭：我也寫過《白蛇傳》歌劇。因爲是在老蔣時代，如果是現在，我就不寫這種老套了。

阮：這都是時代所逼，沒辦法。江文也最後在北京下場也很慘，我相信他是沒有機會，否則他到後來一定會反中國。

郭：他比較接近謝雪紅。

談到二二八，我在苑裡比較不受影響，不過還是常有人過來巡訪，家裡有一把日本人送給父親的日本刀，我覺得危險，在後院芭樂樹底下挖個洞埋起來，過好幾十年後想起時，挖開來一看，已經壞掉了。

阮：那要包起來。

郭：包也沒有用，在土裡那麼久。

陳：白色恐怖時期您有沒有遭到什麼困擾？您的歌「紅薔薇」後來好像被禁？因爲只要歌詞中有「紅」字就是「爲匪宣傳」。

郭：〈紅薔薇〉沒有……有啦，〈涼州詞〉被禁，說「古來征戰幾人回」那一句不行。

阮：要反攻大陸你還宣揚反戰思想，不行。

郭：〈紅薔薇〉的歌詞是詹益川寫的，原本是臺語，後來因爲要在學校教唱，改爲中國語，現在我們又唱回臺語。這些歌很多人不知道是我寫的，以爲是原來就有的中國民謠。很多人出版，也有很多流行歌星灌唱片，版費卻沒收到半仙（半毛錢）。

陳：您都沒有版權？

郭：沒有啊，連作者是誰都不知道。我一說這有版權，我是作者，他們竟然反問我說，那你有沒有去內政部登記？起先版權是採登記制，現在不用，不用反而更奇怪，變成中國民謠，連作者名字都沒有。

陳：您有沒有當年創作的底稿？

郭：找不到了。

陳：中國有沒有在傳唱？

郭：有。唐詩用臺語唱起來比較順。現在的國語是滿洲話。

陳：4萬換1元您有沒有印象？

郭：那時都是我母親在負責，我知道，但不清楚。

萬貫家財瞬間消失

陳：三七五減租呢？

郭：三七五之後我家2/3的土地都被放領了。總計大約有28至30甲田。當時都還在我父親名下。

阮：芝苑先年輕時就有社會主義的思想，認爲社會對窮人不公平，因此對於三七五減租的政策他雖是地主，卻是支持的。

郭：我們知道佃農窮，很辛苦，碰到夕冬【註2】我們會減收田租，三七五就是政府規定統一減租。但隨後的「耕者有其田」政策實施之後，很多地主是靠收租爲生，那時社會還沒有工業化，要轉行做生意也不容易，有的地主得知有這個政策時，趕緊把土地賣掉，等於未放領就損失了很多錢。

農民得到土地後，因農村發展開拓馬路，農民發財之後，就把土地賣掉的情況也很多。

我們自己並未耕種，農田全部被放領，只剩自宅的土地。還有就是一些不在耕者有其田政策範圍內的山坡地40甲。所幸早期木碳的需求量很大，木碳是用相思樹幹去燒的，我們的山坡地種的是相思樹，大約有6、7年的時間收入不錯，家戶燃料改用瓦斯後就不行了。

陳：所以您拜這些相思仔之賜，才能每天在家中創作？

郭：對，也算有享受到它的好處。

音樂界都說我如何有錢，不缺錢。事實上音樂界有錢的人踢倒街。不說別人，許博允財產是我的好幾倍，他家如果沒錢，他如何能開公司？再說醫師的收入更好，我舅舅中有6人當醫師，他們說當一個醫師年收入1千租，1千租等於有2、30甲的田地。所以醫師子弟讀音樂也很多，不是只有郭芝苑一個有錢人。

我讀音樂我父親起初也反對，他認爲沒前途，餵不飽肚子。

大家會有「郭芝苑有錢」的印象是因爲我曾經說過，有一天我要寫一部曲，作爲感謝我的祖先刻苦賺到一些財產，才能使我專心寫作的心意，「唐山過臺灣」就是我要寫來奉獻給我的祖先。我這樣做，卻好像變得只有郭芝苑有錢。

阮：這也是芝苑先的代表作品之一。

感謝史惟亮

郭：那是我在省交時寫的。

我有3個兄弟，分家產時我才分得9萬塊錢而已，田地又被放領，根本不夠生活，那時才體會到生活的壓力。

所幸當時臺灣省交響樂團剛好搬到臺中，史惟亮當團長，我一個外甥個性很活潑，看到我的問題，他自己跑去請史惟亮幫忙，史惟亮雖然是外省人，卻一口答應，我才得以去省交上了14年的班，還好有這個職業，否則我小孩還在讀書，眞不知三餐如何溫飽。

阮：所以芝苑先常說，奇怪，我們不喜歡外省人，但反而幫助我的竟然是外省人，反倒是被自己臺灣人排擠。

陳：我也是，在我的生命過程中，對我最好的很多是外省人。

郭：你主張臺獨，他們還是對你好？

陳：我讀大學時還很單純；初出社會也還沒有很清楚的意識形態。後來我介入很深後，我一個大學老師歐陽醇還是對我很好，他曾問過我的政治主張，也對我的想法表示可以理解，並說他自己雖然無法同意，他的下一代若有和我相同的主張他也不意外。

我在1979年出國時，歐陽老師是我的保證人，後來我卻在美國絕食抗議，害他被情治人員盤問。他說：「陳婉眞是很優秀的學生，我沒有理由不幫她做保。」這事他終其一生未曾告訴過我。

1978年我和陳鼓應在臺北市參選時，蔣經國身邊的人曾想以匪諜案辦我們，事隔多年後我才知道，是因爲當年中國時報的老闆余紀忠先生向蔣

左起張宏久、郭芝苑、陳婉真，及最後照顧他的兒媳婦。

經國力保，我才沒有遭到逮捕。

郭：我在省交上班時，史惟亮還說要我發表江文也的作品，我說那不行，因爲那時還是禁忌。

阮：對，反而外省人比較不怕。也許因爲我們曾經是被殖民者，比較害怕。

陳：因爲能夠幫助我們的外省人，都是經歷過逃難的大風大浪，從中國到臺灣的幾十年來，經歷過無數次鬥爭，造就他們有比較大的格局；他們也比較有一些關係與門路。

相對的，國民政府接收之初，因爲中國人的仇日心態投射到臺灣人身上，造成無數悲劇，導致部分倖存的臺灣人比較沒有安全感，只顧明哲保身，甚至自相殘殺，這也是臺灣人的悲哀吧。

【註1】清朝雍正初年，苑裡地區的平埔族原住民婦女，在大安溪及房裡溪下游兩岸沼澤地擷取野生藺草，曝曬壓扁編成草蓆等用具。日本時代經由總督府的政策推動，成為一項為地方開創財富的產業，雖然製作多在苑裡，出口集散地則在鄰近的大甲，「大甲蓆」因而得名。

苑裡帽蓆以外銷為主，全盛時期因工資甚高，因而流傳「苑裡婦，一日工，不事桑蠶廢女紅……，食不知味夢不酣，人重生女不生男」的藺草編織歌謠。所謂「壓壹仔」即為藺草編織的術語。「壓」音同臺語「底」。

【註2】「歹冬」指歹年冬，農作物收成不好之意。

江湖大護法

陳錫章及其夫人。

受訪者背景

受訪人：陳錫章

性別：男

出生年月：1934年5月6日

訪問時間：2010/10/19、2013/5/14

地點：虎尾陳宅

訪問人：陳婉真

各級民意代表都做過

背景說明：從鎮民代表、代表會主席，而雲林縣議員，而臺灣省議員，而監察委員，而立法委員，最後又當上任務型國民大會代表（這個國代他只當了一天就辭職，因爲他說他的目的只是爲了讓民意代表的資歷完整無缺而已。），全臺灣擔任各級民意代表資歷像陳錫章這麼完整的，找不到第二人。

他曾經帶過高空絕技團全臺巡迴演出走江湖；

初入政壇不久，被當時擔任國民黨雲林縣黨部主委的林洋港說是「鱸鰻囝仔」，他不服氣的不是林洋港說他流氓，而是後面加上的「囝仔」這兩個字；

曾經在監察委員提名時被他所屬的國民黨認爲形象不佳，他靠自己努力，成爲現代御史大夫；

早年一貫道被視爲邪教，陳錫章由受理陳情而認識一貫道，在1986年成爲一貫道的總護法。

退出政壇後，他獻出在古坑鄉華山村的土地，設立「九蓮聖道臺灣中心華山分部」，並全力投入弘揚道法的工作。

陳錫章競選照。

由走江湖而御史大夫而大護法，人生的轉折不小；半生民意代表退隱之後，日子過得如他這麼平順平靜的，也屬少見。

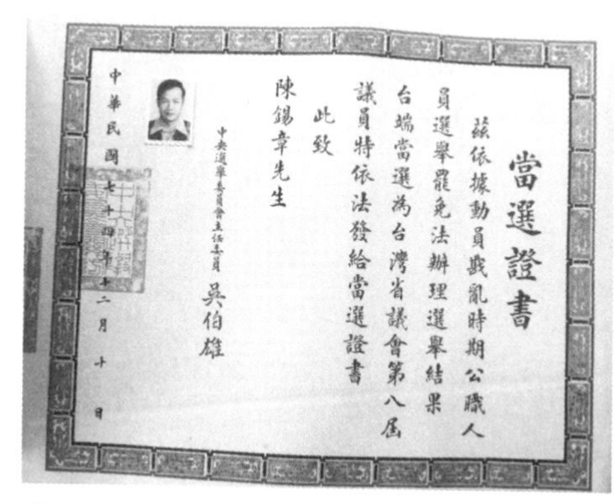
當選證書

茲依據動員戡亂時期公職人員選舉罷免法辦理選舉結果台端當選為台灣省議會第八屆議員特依法發給當選證書

此致

陳錫章先生

中央選舉委員會主任委員 吳伯雄

中華民國七十四年十二月十日

陳錫章省議員當選證書。

1996年總統大選，國民黨分裂，林洋港和郝柏村搭檔參選，他明知這一組勝算不大，仍然力挺，並告訴林洋港，如果他們的支持者只剩下一個，那一個人絕對是陳錫章。當時任誰都看得出來李登輝和連戰的「李連配」最有勝算，李登輝找過他，也給他一些承諾，都被他拒絕了。這種政治圈的情義，在今日臺灣政壇已不復見。

訪談內容大要：

我的伯父叫陳百合，在日治時期是文化協會的成員。小時候我對伯父的印象是，日本警察很兇，我伯父更兇。

有一次鄰居有人把棉被放在「椅條」上曬太陽，竟然被日本警察丟到地上，伯父認爲曬棉被又不是做什麼壞事，怎麼可以這樣欺負人，把警察狠狠罵了一頓，那時膽敢罵日本警察是很不得了的事，所以村裡的人很敬重他。

大歌星住豬寮

他也很喜歡參政，可惜我們老家「五間厝仔」只是一個小庄，不足以支持一個在地人當選，所以後來我當選代表會主席之後，立刻到阿伯墳前焚香稟告。

我父親只有兩個兄弟，祖父知道阿伯愛參政治，怕錢被他花光，很早就分財產。果然，伯父在日治時期反日本；國民政府來了以後，他和堂兄陳錫堂父子倆又都因爲「思想不正」被抓去綠島各關了3年，幾年前才獲得冤獄賠償。

說起來我算運氣好。我未從政前，內人是護士，開了一家「強生西藥房」，那時虎尾發生著名的蘇東啓案【註1】。蘇東啓的同案人士有不少人經常到我們藥房，談的都是要換國旗的計畫，後來很多人被捕，可以想見，所有被捕者都被嚴刑拷打，竟然沒有人咬出說我知情，都說到我家只是買檳榔及泡茶而已，我才倖免於被捕。

那時剛好有一團「中國高空絕技團」來虎尾演出，因爲經濟上發生問題，團長趙木群來找我，我就找了一些朋友合資，由我擔任團長，就這樣展開全省巡迴演出。

當時這樣的絕技團全臺灣只有3團。我們的演出內容包括特技、跳舞、唱歌、走鋼索……等，團員三十幾個人，每到一地，除了我是團長住旅館之外，團員都是借住戲院附近的豬寮，大歌手也不例外。

所以，每天晚上演出告一段落之後，他們都會來我房間借用洗澡間盥洗，房間裡晾滿女人的內衣褲，而且每巡迴一次就是好幾個月，後來我太太不知聽到什麼風聲，抱著小孩到東部去找我，看到那種情形，更加強烈要求我回家，不能再做這種生意了，我就這樣被太太找了回來。如果當時繼續做絕技團，應該能做得很成功，也就不會踏上政治這條路了。

戰爭中因為我父親當鄰長，所以沒有被徵調當兵。不過，我當代表會主席時，一位名叫李能圭的代表曾被調到南洋參戰，他說他們同去的有1千2百多人，戰爭結束時只剩28人回到臺灣。

紅蜻蜓

那時我已經讀國民學校。我家旁邊就是虎尾公學校，可是那是給「四腳仔」【註2】或是改日本姓的臺灣人讀的，我每天要走兩公里，到虎尾北國民學校（今虎尾國小）去上學，3年級以後才轉到南國民學校（今立仁國小）。

因為虎尾有糖業公司和空軍基地，是聯軍轟炸的主要目標，有時候一天來好幾次，所以在我小學3年級到5年級這兩年中，多數時間都在躲警報。第一次碰到美軍來掃射時還不會躲，差一點被射中，所幸我運氣好，躲過了。

那時虎尾機場有很多「紅蜻蜓」【註3】飛機，那種飛機只能訓練，不能打仗。戰爭末期很著名的「神風特攻隊」自殺飛機飛行員，就是先飛紅蜻蜓訓練之後，就送去赴死了【註4】。

二二八事件發生時，我一個表哥在關仔嶺當警察，錫堂堂兄約我一起去看他，那是我生平第一次搭火車，結果車子到後壁火車站之後，原本可以接駁上關仔嶺的客運車不開了，上不了關仔嶺，我們只好搭火車回來。

在回程的火車上，我聽到全車都在講外省人如何鴨霸，大家越講越氣憤，突然發現車上有一個人不講話，原來就是「外省仔」，一下子那個「阿山仔」就被打得半死。

回來後，聽說國民政府軍來攻虎尾機場，大家紛紛躲到鄉下。因爲武器裝備相差懸殊，國軍的武器精良，是連發的槍砲，反抗軍不過是「竹竿鬥菜刀」，戰事一下子就結束了。雖然那時家裡牆壁是磚造的，子彈打不進來，不過家人害怕被擊中，晚上不敢上床睡覺，寧可睡在地上。

20年後又是一條好漢

二二八事變中，臺灣人的勇敢精神讓人印象深刻。掃蕩後國民政府軍把所謂滋事民眾全數逮捕，槍斃前先遊街示眾，然後在圓環邊「馬槽仔」（今虎尾東市場）槍殺。臨死前，很多人高喊：「20年後又是一條好漢！」這種慷慨赴義的精神，哪是今日一些貪生怕死者流所能相比？

二二八事變虎尾被槍殺的人數沒有嘉義多，但仍死了不少，不一樣的是，我們這裡的二二八受難者沒有所謂的地方士紳，多是一般平民百姓。雖然他們不是菁英，但絕對都是勇士。事變後有很長一段時間馬槽仔一帶沒有人敢住。我後來開的強生西藥房就在那附近。

我堂哥錫堂那時在水利會吃頭路，我們曾去看過他。後來他就被抓了，什麼理由？沒理由！不像蘇東啓案，他們是眞要換國旗的。蘇東啓案中我虎尾很多好朋友都被抓了，很多人是正値盛年，二十幾歲被關，三十幾歲才出來，身心雙重受傷。他們都沒有把我咬出來，否則我也是知情不報，至少要關3年以上。

四萬換一塊，有人說當時是一日五市，物價波動很嚴重。我記得我們才賣了一間厝，卻因物價每天三級跳，所得的錢不到三天就沒了。虎尾有好幾家製糖廠都倒閉了。不過農民影響不太大，因爲農民本來就沒錢，大不了就是以物易物。

無私就有勇氣

我父母本來就是種田的，從小家裡兄弟姐妹都要幫忙，連嫁出去的女兒農忙時也要回來幫忙。所以耕者有其田對我們家沒有影響。

父母因爲長年種田，身體都很健康，母親很會理財，又熱心公益，曾看到鄰居有人往生了，她工作到一半，立刻跑去幫忙。

母親晚年時原本5個兄弟輪流供養，後來我不放心，新房子蓋好後把母親接來一起住，父母健康眞是兒孫的幸福，那幾年我常常帶她出門去散步，70幾歲的兒子帶90幾歲的老母親散步，你看那是多麼令人羨慕的畫面。她快一百歲時我對母親說，我們兄弟每人準備50萬元來爲她慶生，可惜她在未滿百歲前就走了。

我當民意代表問政不分黨派，只求要講義氣。你看三國演義裡劉關張3人的情誼，兩千年來多少政治人物，值得後人爲他立廟的也只有關公，關公兼備仁義理智信，爲人無私，自然就會有勇氣。

我覺得這幾年各政黨給社會的觀感大家心知肚明，其實當年民進黨執政時如果好好做，永遠都是臺灣人做總統，哪有外省人奪回政權的機會？我雖然是國民黨黨員，如果民進黨裡有值得支持的，我照樣出來幫他演講，可惜過去這幾年我們看到一些在上位者貪得無厭，因此福報有限，這是相當令人遺憾的事。

【註1】蘇東啟（1923-1992）雲林北港人，北港公學校畢業後赴日讀中學，並於日本的泰國大使館擔任翻譯，因反日而赴重慶參與抗日，國民政府接收臺灣後返臺，在中國青年黨大老李萬居推薦下加入該黨。

蘇東啟曾任四屆雲林縣議員。1961年《自由中國》雜誌創辦人雷震被捕時，蘇東啟於雲林縣議會提案要求蔣介石釋放雷震並獲無異議通過，因而得罪當道。

於此同時，雲嘉當地多位人士積極策劃發動武裝革命推翻蔣介石而獨立，找蘇東啟領導獲得允諾，因遭人告密，1961年9月19日蘇東啟被捕，同案共逮捕三百餘人，蘇東啟被判死刑，其餘多人亦被判重刑，其妻蘇洪月嬌亦帶著剛出生的兒子坐牢，因引起國際重視後，蘇東啟改判無期徒刑定讞，1975年因蔣介石逝世特赦出獄。

【註2】日本時代臺灣人背地稱日本人為「四腳仔」，意指為狗，有暗喻畜生之意。國民政府來接收後，因受到比日本時代更不堪的待遇，私下稱中國人為豬，民間因而流傳一句話謂：「狗去豬來」，引諭狗還會看家，豬只會吃。

【註3】日本在二次大戰使用的零式戰鬥機，因為構造上分上下兩層，形狀很像蜻蜓，又因機翼上有紅色的日本國徽，一般人以此名之。

【註4】日本的神風特攻隊因係採「一人、一機，一彈換一艦」的要求，且到末期飛機嚴重不足，很多老舊飛機直接上戰場。此處是否訓練用，或直接開赴戰場，待查。

砧皮鞋補雨傘

陳讚成（左）與作者陳婉真。

受訪者背景

受訪人：陳讚成

性別：男

出生年月：戶籍登記為1925年，實為1924年出生

訪問時間：2010/11/30

地點：彰化市陳宅

訪問人：陳婉真、白權

陳湧源醫師的遺願

背景說明：曾任彰化縣僑義、溪州及南郭等國小校長，於南郭國小校長任內退休。是1989年在增額立法委員選舉期間遭槍擊而身受重傷的陳湧源【註1】立委的父親。

我在1989年突破黑名單【註2】回臺後，兒子不久返臺，因爲在美出生，臺灣沒有戶籍，差點被遣送回美國。新聞炒大之後，很多學校不敢收容讀書，經過不斷抗爭，一直到開學將近兩個月後的10月下旬，母親把他接到彰化，我的母校南郭國小同意讓他借讀，這在當時的教育界需要相當的勇氣。彼時的校長就是陳讚成先生。

這段往事是在這次訪談中才得知，也才有機會向他致謝。他說他特別把兒子安排在會說英語的老師班上，讓他可以早點適應臺灣的生活。

他是前省議員白權的舊識，由白省議員帶訪。

訪談內容大要：

白權（以下簡稱白）：雖然事隔這麼久，還是有很多人會談起陳立委（陳湧源）的事，他雖然已經往生，大家還是覺得很不捨。

陳讚成（以下簡稱成）：他人很好，不是我誇自己的兒子好，他當醫師，看到家境清寒的，光是患者自己說了就算數，也不需要什麼證明，他就會主動送一些奶粉、浴巾之類的生活必需品，還幫他們付計程車錢。

即使在他受重傷之後，他也堅持要做一些有意義的事，所以這裡原本是他開的婦產科醫院，現在我們把它租給老人安養中心，這也是照他的意思來做的。

我的老家在溪州鄉。我4歲喪父，母親28歲就守寡，獨自撫養我和姐姐兩人長大。

我們那個時代小孩養不活的很多，父母生下小孩後都不急著報戶口，原因是怕萬一小孩夭折了，戶口名簿上姓名欄被劃上一條紅斜線不好看，所以大多數人都是確定小孩養得活才去報戶口，因此，我原是在大正13年出生，戶口名簿上卻是大正14年。

我畢業於臺灣總督府彰化青年師範專門學校，也就是今天的彰化師大。

校史雖短 人才濟濟

很多人不知道有這所學校，只知道彰師大的前身是進德高中。

我們原本規劃的校區也包括彰師大目前的校本部和寶山校區，及現在的彰化縣立體育場等都是。那是日本投降前兩年才設的，因爲是新的學校，而且兩年後就光復了，所以連校舍都還沒蓋起來。現在彰化幾乎都沒有人知道，也沒人講起這件事了。

日治時期臺灣總督府直轄的學校有臺灣總督府臺灣帝國大學，是當時全臺唯一的大學，並附設臺北醫學專門學校、國語學校（就是師範學校的前身），其他專門學校有臺北高等學校（現臺灣師大校址）、臺北高等商業學校（現臺大商學院）、臺南高等工業學校（現成功大學），及臺中高等農林學校（現中興大學）。

1943年，臺北、臺中及臺南等師範學校附設專門部，並於同年3月在彰化設立臺灣總督府彰化青年師範專門學校，以培養青年學校【註3】及乙種中等學校師資爲主，入學資格必須爲甲種中等學校畢業（日治五年制中學、職業學校）才能報考，學生80%是日本子弟，修業年限本科3年、講習科1年，學費全免，並發給每月40圓伙食、除住宿費之外，另有20圓雜費，待遇不錯，所以要考上很難。

日治時期的乙種中等學校（三年制）是以就業爲導向，因此，畢業後沒有資格考大專。當時找工作沒有什麼困難，只是薪水及職位較低而已，乙種中等學校大部分是招收臺灣學生。

至於州立的五年制中學畢業後可以考大學，但多數是日本人就讀的，臺灣人要考上非常困難，許多臺灣人只好去讀私立的如長榮中學、淡水中學等，畢業後一樣可以考大學。

我是青年師範專門學校講習科一期畢業的，畢業後立刻奉派到臺南市明治青年學校擔任助教諭，但還沒就任就被徵召去當兵。

接著因爲戰爭的關係，我們的下一班，也就是二期本科生奉令分別編入臺中農學院、臺中師範學校、臺南師範學校，或轉入臺灣大學就讀未完成的課程。本校就這樣在還沒建校舍階段即不再招生，學校就結束了。

校史雖然短，我們學校也出了很多傑出人才，像前高雄縣長、現任總統府資政的林淵源晚我一屆；文學家鍾肇政曾任陳水扁總統時代的總統府資政，是我同學，他是淡水中學畢業後來考的；此外，前臺北師院校長、曾獲2008年臺灣師大傑出校友，也是耐斯集團董事長陳鏡村哥哥的陳鏡潭晚我一屆。

和「灣生」打架

我們當時是借用彰商校舍二樓上課。校舍是用鋸木屑加工作爲建材蓋起來的，看到我們有些老師在辦公室吸煙，彰商的校長很怕會發生火災，但也無可奈何，因爲彰商只是州立的學校，不能違抗總督府的命令。

所以我們算是兩個學校師生一起在同一所學校上課。我們專門學校等於今天的國立學校，學生戴黑色的帽子，彰商是州立的，戴國防色（卡其色）帽子。我們那時的好處是上級生會指導下級生，老師比較不太需要去教導學生。

白：對啊，上級生很有威嚴，我讀秀農時，有一次一大早到學校碰到學長，我開口向他問好說：「啊你今仔日怎麼這麼早。」學長把「今仔日」誤聽成我是說「囝兒」，被叫去修理一頓，是沒被打，但狠狠臭罵一頓。可是我當議員時他要調動也來找我。

成：對，下級生如果不好好向上級生行禮，會被叫到廁所去，以面盆裝水，雙手拿高作爲處罰。那時慣例是日本人走路中間，臺灣人走水溝邊，雙方在路上迎面走來時，有的上級生故意裝作沒看到你，你還是得向他行禮，否則就罰你到廁所拿面桶水。這種下級生被上級生「電」的情況很普遍。

話說回來，因爲各年級的上管下關係，四年級就會比較疼二年級，五年級則疼一年級，討厭二年級，相隔的年級情感不一樣。

我們親身經歷的人都知道，有人說日本人欺負臺灣人，其實，一般說來，日本人對臺灣人很好，只有一些警察和官員在臺灣出生的小孩，我們說他們是「灣生」，這些「灣生」比較會氣焰囂張。

反而是國民政府來了之後，在一些機關學校安插自己人，不識字的人也可以當課長，臺灣人學歷高過他們很多的，卻無法升遷，備受壓迫。這也是二二八發生的遠因之一。

腳插青龍刀

皇民化運動中，日本人爲鼓勵優秀臺灣人改日本姓，凡改姓名的學生考試成績可以加3分，「國語家庭」加6分。

再來說那些「灣生」欺負臺灣人的故事。我們讀青年師範專門學校時，我記得是塞班島「玉碎」那天【註4】，我和同學去咖啡館聊天，出來時在學寮（宿舍）門口，因爲「灣生」受到「玉碎」消息影響，心情不好，竟然12個人要圍毆我一人，我說你們一個一個來，就這樣我一個人對付12個「灣生」，打到最後牙齒都被打斷了。

光復多年後雙方同學師長開始交流，起初灣生怕我們會報復，寫信來問到臺灣會不會被打，我說不會啦，大家才又恢復來往。反正都是過去的事了，大家不應該再記恨，記恨很不好。

戰爭末期日本人連十八、九歲的囝仔兵都去當特攻隊，戰死的很多，所以開始在臺灣徵兵。

得知總督府規定從14年次開始徵兵時，母親很後悔說，如果早一年出生時就報戶口，我就可以不用去當兵。其實也不盡然，我有一位朋友戶籍上是大正13年11月出生的，也逃不過——那時好像有點亂了，徵兵不一定照年度。

我原本打算以身爲家中獨子的理由申請緩徵的，結果還是沒辦法，兵源不夠，獨子也要去當兵。

那一年我正要畢業……。

我在湖口當兵，就是現在的新竹縣新豐鄉，日本時代叫做「山崎」，我在那裡守山，守衛新竹機場。

飛行員向你招手

我因爲是大專畢業，考上甲種幹部候補生，又碰到一個教官人很好，他看到我說，你成績那麼好，體格也很好，讓你來做甲種的幹部候補生。這種候補生分爲甲種和乙種，甲種可以升到少尉，算是軍官，乙種可以升到軍曹（中士）。

我們機關槍部隊每人發給30顆子彈，戰鬥機飛過來時，有人笨笨的打算發射，我都叫他們不要打，因爲戰鬥機的目標是要打飛機場，我們不打他，他們就不會打我們，我們向他招手，機上的飛行員也會向你招手；你如果硬要打他，他隨便掉一顆鳥屎我們就全死了。大家聽我的話，果然他們在我們頭上繞繞就走了。

在校時彰化商業附近是墓仔埔，學生兵去開挖防空洞，我也都叫他們不要主動攻擊。

最笨的就是到大肚溪割草放火煙燻，等於告訴敵人這裡是鐵橋。那個下令放火的眞是很笨的幹部，你只要不動，在防空壕上面蓋草就可以了，敵人就看不到了；你一放火燒，正好叫敵人來攻打。

我當兵才半年，日本就投降了。日本天皇宣布無條件投降時，國內也有人反對，內閣總理大臣東條英機因而選擇自殺。

其實在此之前，日本的敗象已經很明顯，員林一家寺廟的日本人住持就告訴我們說日本（抵）擋不久了。事後得知原來他是間諜，日本投降後也選擇自殺身亡。

白：戰爭末期已經連要送士兵出海的船都沒有了。

陳婉眞（以下簡稱眞）：您那時可以拿槍，還有子彈，也有指揮刀（日本刀）。我原先聽說日本人因爲不信任臺灣人，臺灣兵只能當軍伕，不能拿槍。

成：1937年9月起，臺灣人被日本徵調去當軍伕或軍屬，未屆齡或學生去當「學徒兵」。但我是幹部，軍階是少尉，管一、二百個兵。

白：您的家鄉有沒有被炸？

成：我們附近溪州糖廠被炸，大火燒了好幾天，後來聯軍說是誤擊，原本是要炸埤頭的特攻隊機場的。

白：埤頭機場和我們福興老家的機場一樣，都是特攻隊出發的基地。

成：有一首歌描寫特攻隊出發前，天皇會賜給隊員每人一包煙，所以拿到那一包煙，就知道明天要去赴死了。

日本人的軍紀嚴格，不像光復後來的那些中國兵仔，怎麼都是一些「砧皮鞋補雨傘」【註5】的？就是陳儀【註6】帶來接收的那些兵，說好上午9點要來接收，讓大家去車站歡迎，結果一直等到下午4、5點才到。

對我們這些讀日本書的學生來講，中國兵給人的印象很差，大家都搖頭說這種兵仔怎麼可能打勝仗？人家日本雖然戰敗了，走起路來步伐整齊有力，「叭、叭」聲聽起來震撼人心，中國兵穿草鞋不打緊，學生問他們爲什麼帶雨傘，竟然回答說打開來可以擋子彈；還說綁腿綁那麼低，堆在腳踝上一大坨是爲了要插青龍刀。

白：也難怪，當時他們在中國打內戰，那有什麼武器？手邊有什麼就都拿來打仗。

成：我看那時中國的情況至少落後臺灣1百年。

我後來想，他們當初會派這些人來接收臺灣也有它的道理，因爲日本到了戰爭末期海軍已經元氣大傷，船艦飛機都沒有了，只剩下陸軍還很強，這些很強的陸軍都駐紮在滿洲及臺灣，所以要來接收時國民政府害怕會遇到反抗，才會先派那些「砧皮鞋補雨傘」的過來，其實是要他們來犧牲的。那知道日本人戰敗後就都乖乖等待接收，臺灣人更是興高采烈的準備歡迎國軍。

二二八事件發生時，我住在溪州，沒事。我後來聽說彰化市因爲呂世明（曾任彰化縣長）的關係，也算平安無事。

二二八抗爭，中部是本縣籍的謝雪紅女士駐臺中師範指揮抗爭的，她是共產黨籍，她的理念是民主自治。

白：四萬換一元的情形您的了解如何？

最早的臺獨運動

成：那是它的政策，有目的的打擊一些有錢人，二二八前後通貨膨脹很嚴重，這也是二二八發生的原因之一。我記得媽媽帶3袋麵粉袋裝很多錢到銀行，只換回20幾元，很淒慘。

眞：三七五減租您有沒有受影響？

成：我原本在光復時被派去臺南接收一所學校，叫明治青年學校，在赤崁樓附近。決定實施三七五減租時，我爲了保護家裡的財產，請調回來彰化縣。我那時手頭上有十幾甲農地，我祖父更多。圳寮墓仔埔的土地8甲多就是我阿公寄附（捐贈）的。

我有3男2女，爲了教養5個子女，早期光靠薪水生活是不夠的，那時學生一個學期的註冊費，就要賣掉半甲土地。我記得政府規定是6等則以下的農地可以留1甲半；7則以上留3甲。我選了8等則以上的農地，留了3甲，但要分給3戶。其餘被徵收的土地，政府是以4大公司的股票換給地主，可是股票沒什麼價值，很多人都賣掉了，我的也賣了，錢很少，和土地的價值不成比例。

三七五減租的分法是，先扣掉給佃農25%的肥料工資等費用，剩下75%由地主和佃農均分，各得37.5%。

實施耕者有其田政策我們被放領7甲多給佃農，地主有土地所有權，可是農地也是用錢買的，爲何多給了佃農25%？這讓地主覺得很不公平，我們的家庭經濟狀況因而受到很大的影響，但是又奈何？

回想起來，1945年8月15日，日本天皇宣布無條件投降，到陳儀10月24日抵臺之間的兩個多月，臺灣處於無政府狀態，一片混亂，人民沒有安全感，當時由臺灣士紳林獻堂（戰時任日本貴族院議員）、許丙（日本貴族院議員）、辜振甫（臺灣皇民奉公會實踐部長）、徐坤泉（日本憲兵團特務、長銷大眾小說作家，代表作《可愛的仇人》），其他還有林熊祥先生（出身板橋林家，後任臺灣省文獻會主委）、簡朗山先生等30餘人成立「臺灣自治委員會」，提出「自治」主張，維持臺灣的安全與安定【註7】。這些歷史，現在已經很少人知道了。

【註1】陳湧源，彰化知名的婦產科醫師，臺北醫學院醫科畢業，曾赴英國、以色列等國大學研究無痛分娩及雷射等手術。1989

年以無黨籍參選立法委員，期間遭受當年著名的黑道大哥「黑牛」恐嚇取財而遭槍擊，致頸部以下全身癱瘓，仍以該屆彰化選區最高票當選立法委員（1990-1993），後雖遠赴國外就醫仍難以復原。彰化地區傳說他遭槍擊後，一度仍聘請醫師在他的醫院，由他在旁指導看診。

【註2】戒嚴時期政府於國人的護照上加印一個「回臺加簽」的欄位，出國人士回臺時必需申請回臺的簽證，若未獲准即不得返國，以此作為箝制異議人士的有效工具。

早年因受廖文毅返臺投降的影響，以留學生為主體的多數海外「黑名單」人士均不願回國，以免被國民黨政府利用為宣傳事件，打擊臺獨運動。直到1983年菲律賓反對黨領袖艾奎諾返菲被槍殺，及1985年南韓反對派領袖金大中回國，加上1986年民進黨創黨，流亡海外的前桃園縣長許信良開始發起返鄉運動，但未成功，直到1989年4月7日鄭南榕自焚，也是黑名單的陳婉真決定回臺參加他的喪禮，於5月20日現身在送葬隊伍，為突破黑名單第一人。

【註3】青年學校是公學校（臺灣人就讀的小學）、小學校（日本人或是改日本姓名的臺灣人就讀的）所設立，招收未考上三年制、五年制中等學校的畢業生，在原公學校、小學校繼續再教育的，修業年限5年，相當於中等學校，大多數設立於鄉鎮市中心學校，因為錄取名額有限，很多人考不上。

彰化青年師範專門學校就是為因應青年學校的師資需求而設立的，畢業後派到各地青年學校擔任助教諭、教諭。

【註4】「玉碎」一詞語出中國《北齊書 元景安傳》：「大丈夫寧為玉碎，不為瓦全。」二戰末期日本於太平洋諸島多次戰役中，都是與盟軍激戰後全體陣亡。日本軍方考慮到以「全滅」發布訊息對國民精神打擊過大，為激勵士氣，改稱為「玉碎」。此處指日本守軍在塞班島被聯軍攻陷，日軍自指揮官以降，連同數百名島上居民全部自殺死亡。時為1944年7

月9日。

【註5】「砧皮鞋」、「補雨傘」都是臺灣早期的行業。前者指修理皮鞋，後者是修雨傘，兩者多半合而為一，由一位工作者挑著工具箱沿街呼叫替人修補。第一批前來接收臺灣的中國兵毫無軍紀，肩挑各種千奇百怪的物品，走在街上的確很像砧皮鞋補雨傘的，臺灣人暗地裡揶揄他們時以此名之。

【註6】陳儀（1883-1950. 6. 18），原名陳毅，改名儀，號退素，浙江紹興人，日本陸軍大學畢業，中華民國陸軍二級上將，留日期間受到日本教官的賞識，把女兒嫁給陳儀。1935年日本在臺灣舉行「始政四十周年紀念臺灣博覽會」，陳儀曾奉命到臺參觀，對於日本統治臺灣的快速發展深感驚訝，之後亦曾再派人到臺灣考察，並於1937年出版《臺灣考察報告》，建議福建學習臺灣經濟。1944年4月，國民政府成立「臺灣調查委員會」，任陳儀為主任委員，之後提出「臺灣接管計畫綱要」，獲政府接納。

1945年8月15日，日本無條件投降，蔣介石於8月29日委任陳儀為臺灣省行政長官，後又委派兼任臺灣省警備總司令部的總司令，10月24日，陳儀在美軍將領陪同下，由上海飛抵臺北，10月25日陳儀代表中華民國政府接收臺灣，接受日本帝國臺灣總督、兼臺灣軍司令官安藤利吉的投降。

根據國民政府於1946年制憲國民大會通過、1947年元旦實施的中華民國憲法規定，地方採取省縣自治，唯獨對於臺灣，卻以行政長官綜攬全權，臺灣人的參政權比日本殖民統治時代還要倒退，加上陳儀一班人貪污腐化嚴重，終於引發二二八事變，陳儀在處理過程一面欺騙臺灣士紳百姓，一面暗中向蔣介石請求派兵鎮壓，以致在1947年3月7日國軍登陸後無辜百姓死傷無數，此後長達30多年，二二八成為臺灣人心中的痛，也是政府的最高禁忌，直到解嚴後才陸續獲得平反。

1948年8月6日，陳儀復被蔣介石委任為浙江省主席，陳儀因見局勢不利於國民黨政權，密邀京滬杭警備總司令湯恩伯一起投共，湯不敢，並向蔣介石報告，而於1949年2月被免職並遭軟禁，1950年4月被押解到臺灣，因拒絕向蔣介石認錯而被下令槍決，並於6月18日在臺北市馬場町槍斃，葬於新北市五股區公墓，立碑為「陳公退素之墓」。

1980年中華人民共和國中央統戰部、中央調查部追認陳儀為「中國人民解放事業貢獻出生命的愛國人士」，陳儀故居並建有紀念堂。

【註7】日本天皇宣布無條件投降的消息一出，許多日本軍人難以接受這個事實，當時在總督府方面成為主戰與主和兩派人馬的爭論，主戰派認為天皇的廣播是被迫說的，並非真的要投降，因為日軍都曾向天皇宣示至死不降的。他們也認為臺灣島上還有17萬裝備精良的日軍，應該堅決戰鬥至最後。

雖然他們的主張不獲總督安藤利吉的認同，但仍不死心，有部分人乃一面暗藏武器和物資，一面煽動臺灣士紳推動獨立運動，共有三十多人參與，史稱「八一五獨立事件」，但因總督下令嚴禁該項活動，不但未能成功，國民政府接收後，經過警總軍法處歷時年餘的調查，於1947年7月29日判決，辜振甫被判有期徒刑2年6個月，實際坐牢1年7個月，許丙與林熊祥各判1年10個月，簡朗山與徐坤泉無罪。

土地公廟的見證

手持舊照片緬懷過往的黃路。

受訪者背景

受訪人：黃路
性別：男
出生年月：1918年
訪問時間：2011/6/23；2011/7/14
地點：彰化縣埔心鄉路葡萄酒莊
訪問人：陳婉真、湯文忠

傑出農民

背景說明：黃路先生係彰化縣埔心鄉人，坡心公學校（今埔心國民小學）、永靖農業實踐學校（今永靖農工）畢業。在學期間成績優異，畢業後任職坡心庄役場（今埔心鄉公所），戰後回家種田，原先種植椪柑，後改種葡萄，長子黃政行發揚光大，爲感念父親的養育之恩，以黃路的名字作爲果園的永遠品牌，創立「路葡萄隧道休閒農場」，及葡萄酒莊。

黃政行曾兩度獲得神農獎，並曾獲選爲全國十大傑出農家，目前黃政行的兒子也全力投入，可謂祖孫三代的優良傳承。

葡萄隧道。

黃路曾獲選爲彰化縣模範父親，並曾因從事農作物耕種改善成績卓著，分別獲彰化縣政府及縣農會頒發獎狀。雖年逾九旬仍精神抖擻，聲如洪鐘，記憶力也非常好。

訪談內容大要：

日本時代公所設有庶務課、勸業課、兵役課、畜產課、財務課等。

日本人很會處理財政問題，統治臺灣50年，1角就是1角，1圓就是1圓，50年攏不變；降伏【註1】後一年多就發生不正常的事情出來……。我的土地也被放領。

因爲那時我還在公所上班，所以我從父親繼承來的土地，靠自己無法種那麼多，被放領了兩甲多。

我們家原本種椪柑，1945年回鄉後，不久就改種芭樂，土芭樂，很香；也種竹子等，一直到1969年我兒子結婚，我媳婦是大村人，他們那裡都種葡萄，所以後來才改種葡萄。在此之前家裡的農田是我自己在耕種。

我是大正7年出生，大正元年正好是民國元年，所以我算是7年次。

大正天皇的身體不好，雖然照片看起來很好看，其實他身體很不好，名爲大正，政務多由昭和攝政，大正在位14年就死了，大正14年也是昭和元年。

我在戰前曾任職埔心鄉公所10年。日本時代我們這裡隸屬於員林郡，當時員林郡的範圍包含1街8庄。所謂一街即員林街，加上坡心、永靖、社頭、田中、二水、埔鹽、溪湖、大村等8庄，我們埔心的地名是在戰後才改的。

這1街8庄共同設立的唯一一所學校就是永靖農業實踐學校，主要目的在培養基層公務人員。我是在昭和15年從永靖農業學校畢業的。

早期臺中州除了臺中一中、二中、臺中商業屬於高等學校之外，整個員林郡就只有永靖農業學校，算是郡內的最高學府。

初期公務員都是老一輩讀漢學的人擔任主管，盧溝橋事變之後，日本人占領中國沿海一帶，開始採取持久戰略，臺灣成爲它占領中國及南進太平洋諸島的最前線。岡山就是他們最堅固的空軍基地。

墩仔腳大地震

我們學校當時是採申請制，再由公所指定入學的，不必考試，但畢業後要到公所服務，也可以到公學校教書。算是基層公教人員的養成學校。

這個學校的所有經費是由員林郡各街庄共同負擔的。也就是郡役所負擔經費，學生全部公費，學制是2年制，每年招收60人，總共有學生120人，並且依地域分配，每個年級分爲3舍：像我們坡心和員林、永靖合爲1舍，稱爲「靖農舍」；其餘溪湖、埔鹽、大村爲1舍；田中、二水、社頭又是另一舍，共分3舍。

在學校的訓練是全面性的，例如種田、做豆醬、飼豬、飼馬……等，和農村一樣，什麼都做。三餐也由學生自己煮，1鍋飯剛好是20人吃的份量。

黃政行（黃路長男）：我爸爸曾參加豐原大地震【註2】

救災。您那時幾歲？18歲嗎？

黃路：我是參加我們鄉的青年團，去幫忙拆厝。那個場景很淒慘，我們去的地方是豐原內埔仔【註3】，整條街房子全倒，只剩公所，內埔公學校除了鐵筋蓋的校舍之外，全倒。

因爲災後地面整個裂開，導致原本的水溝都沒有水，只能從臺中用水車載水到豐原一帶。那時很慘。我記得那位鄉長一家38人，只剩8個人倖存，其餘全被蓋掉。1戶就死了30人！一棟房子只剩下一堆磚塊，我去時看到一排排棺材，裝的是年紀較大的，其他年紀較小的已經先處理掉了。死傷不計其數。

幸好豐原火車站沒倒，只是車站屋頂那時是蓋安全瓦的，震後安全瓦沒半塊，只剩下一些薄板。內埔仔更是嚴重。

再回過頭來談我自己。我是坡心公學校第6屆畢業。2004年埔心國小80週年校慶特刊中有很多照片是我提供

品學兼優的黃路，就讀公學校6年來，領過多張獎狀。

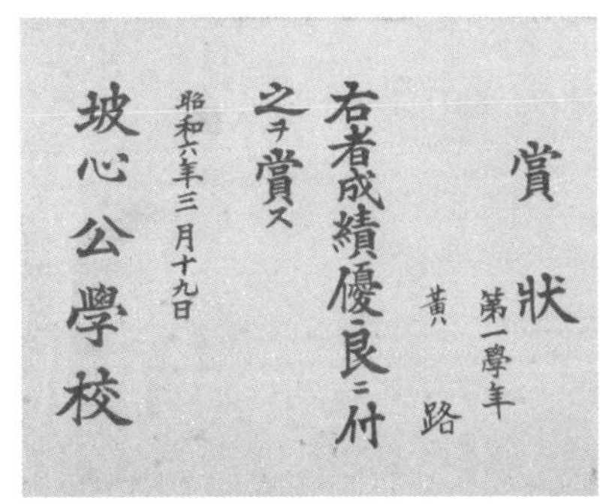
賞狀
第一學年
黃路
右者成績優良ニ付之ヲ賞ス
昭和六年三月十九日
坡心公學校

坡心公學校成績優良獎狀。

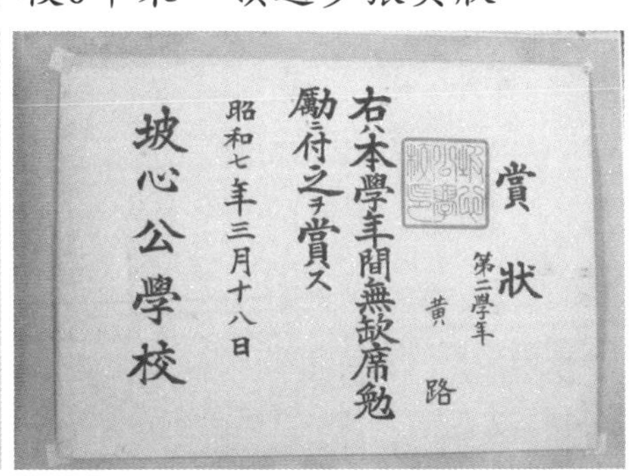
賞狀
第二學年
黃路
右ハ本學年間無缺席勉勵ニ付之ヲ賞ス
昭和七年三月十八日
坡心公學校

坡心公學校全勤獎狀。

的。我從1年級到6年級都是第1名，都當級長（班長），除了第1年之外，第2年到第6年都拿到全勤獎。我連當年讀的書都保留得好好的，可惜降伏後聽說日本冊留下的都是死罪，我趕緊把它都燒掉了。

你說沒那麼嚴重？阿就戒嚴令——日本時代經歷大東亞戰爭、美軍多次來掃射，日本總督都未曾發布過戒嚴令——戰爭時期美軍戰鬥機密集來掃射，臺灣也都很安定……。

那時日本政府派百姓在每條馬路邊，約隔50米就要挖個洞，主要目的是讓行人遇到掃射時可以避難，並且動員百姓在各自家中都要開挖防空洞。

正直公務員

我在昭和11（1936）年自公學校畢業後又去讀漢學仔。讀四書五經，課本現在都還在。接著才去就讀永靖農業學校。

昭和15（1940）年，我自永靖農校第4屆畢業，隨即進入坡心庄役所服務。起初官拜雇員，月俸23圓，那時日圓很大圓。隨即被派往臺中的「吏員養成所」受

就讀漢學仔的四書五經課本。

訓6個月，養成所地點在臺中一中隔壁，都是公費訓練的，和新兵訓練沒有兩樣，很嚴格，我們還曾到臺中一中借槍來實習教學。

我是養成所第一期訓練回來的，結訓後即升任爲書記，月俸調升爲33圓，並且成爲正式的稅務人員，有查定權。

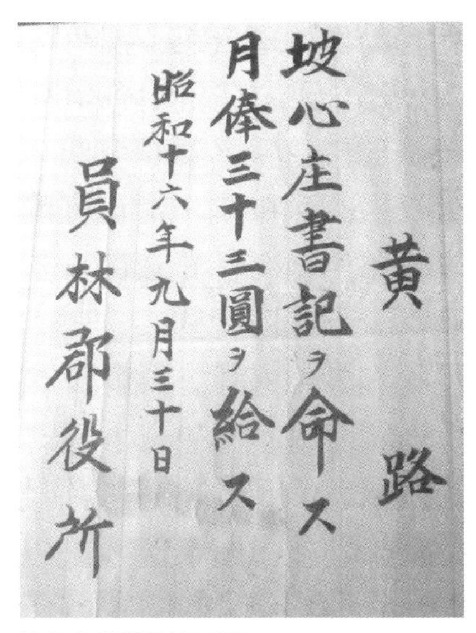

坡心庄役所月俸33圓。

埔心鄉大多數人務農，鄉內沒有什麼大工廠，稅收項目包括：腳踏車每年要納2期稅，殺1隻豬也要到公所繳稅，這些都成爲庄役所的主要收入。此外，每名學生1學期要繳5圓的修業費，每年繳兩期，遲繳要罰錢，因此，國小的修業費也成爲庄稅的主要來源，但那時候很多人窮得繳不起。因此，庄的歲入再不夠就徵戶稅。

我們稅務人員算是在地方上最響叮噹的公務員，因爲我們做得正，庄民都很信服。庄役所其他單位的同仁，譬如勸業課在戰時因爲實施嚴格的物資管制，常常要陪郡役所農業科人員，帶著竹竿或柴，挨家挨戶去查有無私藏米糧【註4】；畜產課因爲管理豬隻很嚴格，每頭豬都有登記，不能隨便私宰，也要經常去查；兵役課要徵軍伕，尤其自從盧溝橋事變後有很多人被徵調到中國戰場，這些單位都因而得罪庄民，很多人戰後不敢再到庄役所上班。我們庶務課因爲行事公正，沒有這些問題。

日本國力在日中戰爭期間還非常強盛，那時陸軍大將東條英機首相名氣很響喔。從日中戰爭開始就有很多臺灣人被徵調到中國，據出征的臺灣人回來說，在中國戰場日本軍不用槍，都是夜間一對一摸黑用刺的，「呀」一聲就刺下去，那時中國人一聽到「呀」一聲就昏倒了。也聽說中國人獻美人計，很多日本軍官因此被中國人殺死。

我不知道日中戰爭時總共有多少臺灣人到中國戰場。那時沒有徵兵，臺灣人都是志願去擔任軍曹，也有志願去擔任後勤，叫做軍伕。

至於慰安婦的問題，其實那是赤十字會（紅十字會）的業務。日本時代，能去當兵是很光榮的事，而且都還要經過挑選的。因此，有些臺灣人婦女自己志願去擔任赤十字會的護士，多數被派去海南島，都是志願去的。後來大戰時日軍撤退，婦女也都隨著軍隊逃跑。

戰後過了很久，有些人爲了要向日本人索取賠償，才說是慰安婦。這是我在庄役場的實際了解，臺灣婦女都是志願參與赤十字會去當護士的，日本人未曾在臺灣找慰安婦。

這些事因爲我在庄役場服務，我知道。日中戰爭一開始很多臺灣人爭相要去當志願兵或護士，曾經有獲選任志願兵的人，高興得自己去買軍刀、坐人力車遊街，一些不知情的日本人看到，當街向他們舉手敬禮。臺灣人那時很敢，很多人以能當志願兵或護士爲榮。

戰後原本日本要賠償中國，蔣介石說要以德報怨；又因爲中國政府認爲臺灣被日本管那麼久，所以日本政府欠臺灣人的部分，從未曾要求賠償，事隔多年之後，才有一些臺灣人爲了追討賠償，自行出面力爭。

日本人很崇拜軍人，那時臺灣人上戰場受傷回來的，身分地位都提高了，不但警察要向他敬禮，他還可以管警察。

木製身分證

我日本時代的戶口板仔都還在，我大兒子的身分證也是用一小塊長方型木板寫的，現在都還保存完好。戰爭怕受傷需要輸血，所以身分證板子背面都要載明血型。

戰爭時我在公所任職，沒被徵調當兵。

發生在1941年12月8日的珍珠港事變，主要是因爲日本的輸送船隻幾乎全被美軍的潛水艇打掉，影響日本的補給，日本人一邊派大使和美國談判，還沒談妥就派兵低空偷襲。那個時候日本根本不把美國看在眼裡。

當時日本人對於居住在臺灣的美國人特別注意，尤其唯恐教會成爲美軍特務的掩護所，像我們這裡羅厝庄的天主堂，神父要回到臺中州的本會

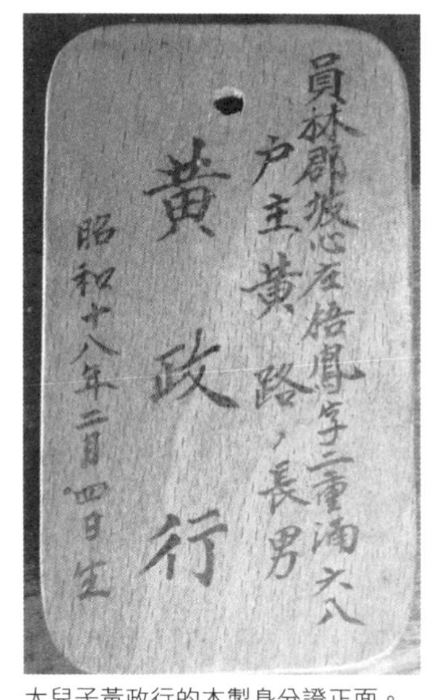

大兒子黃政行的木製身分證正面。

時，要經過舊館派出所、坡心派出所，及員林郡役所等3個關卡，層層把關。我們在地的人都知道，在羅厝庄附近有一些長得和我們不一樣的怪人，皮膚特別白，怎麼來的大家都知道。【註5】

大東亞戰爭中，我們家族有人調去南方，沒有戰死。一些到南洋作戰僥倖活著回來的人，因爲對於庄役場兵役課的人懷恨在心，曾發生夜間庄頭演戲的戲棚附近，役場公務員被打的情形。

此外，戰爭時最嚴重的要屬溪州（製糖）會社被炸，由於正好吹南風，會社大火燃燒的灰燼，一直飛到我們這裡。

當時役場的職員中，除了鄉長，以及少數幾位是日本人，其他多數是臺灣人。8月15日中午天皇玉音放送時，所有同仁無論臺灣人日本人都抱頭痛哭。你看日本人在臺灣的教育眞的很成功。

接下來的國民政府接收，只接收警察局，我們庄役場是行政機關，並沒有派人來接收，役場有一些人就這麼離職不再去上班，也沒正式辭職，我也就此不再擔任公職。

因爲戰時公所各課很多人得罪百姓，不敢出勤，只有我們財務課因爲處事公正，很嚴格，只剩下我們財務人員敢去上班，接收警察機關時就是由我們去監交。

歸隱田園

爲什麼不再留任公務員？因爲我們那時徵稅，除了剛剛說的教育捐不夠就要別的稅；水利會也要收會費，各種名目的稅收很多，戰爭中大家生活都很苦，再怎麼說都會惹人民討厭。

此外，戰爭末期我們本來擔心美軍會在臺灣登陸，雖然後來幸好沒有，卻讓我更加體會到俗話說：「吃人的飯，犯人的問。」【註6】，庄役所位階不高責任卻很重，如果美軍登陸，運氣不好的話我們還要被當成戰犯審判，我因此下定決心回家種田。寧可自己種田，做到現在，全臺灣也只有我們種葡萄做到企業化經營。我們自己也開設酒莊。

日本時代我們目睹日本政府對文化協會人員的迫害；我也聽說霧社事件的起因，同樣是因爲對臺灣人的差別待遇而起。那時日本總督府隱瞞實情，向天皇上奏說已經沒事，並緊急徵調很多平地人當軍伕去霧社山下阻斷原住民的通路，我姐夫也被調去當了幾天的兵。

我們都是很清白正派的人，像我們隔壁的黃三木先生，和謝東閔先生交情很好，國民政府來接收時，兩人都是接收委員，接收臺北市。

黃三木是黃三元【註7】的哥哥，他父親黃義在製糖會社擔任要職，和我們很親，他每次回來坡心時，晚上就邀我們大家到他家去聊天。黃三木當時就勸我們說，把這裡的財產賣掉，到臺北後站買房地產，一定可以獲利不少，我放不下家裡的農事，寧可留在鄉下。

二二八事件可以說是「眾軍殺人累主帥」。主要是臺灣人要爭取民主所引起，突然之間原來只是前一天晚上發生在臺北市的事情，不到幾個小時，第二天一大早經由臺北到高雄的早車，從臺北站一路傳下來，一下子就傳到高雄。

我在2月28日那天透早大約7、8點左右送椪柑到員林的集貨場販賣，集貨場是在火車站附近一家後來開設洪外科診所的地方，忽然間聽說臺中縣政府【註8】門口集滿了人群，公務員都跑光了，警察局的槍也都被接收，集中到水源地，一些住在縣政府附近日本宿舍裡的外省人家裡，衣服、棉被……等，全被丟到外面的馬路上。只是很多外省人早一步聽到風聲，已經逃走了。

何以一夕之間事情變得如此不可收拾？我認爲是因爲日本時代一些由中國到臺灣的華僑，他們從事的都是諸如磨剪刀，做石磨、賣布的……，也有在路邊賣蚵仔炸、豆干炸等流動攤販，做的都是一些比較下級的工作，降伏後這些人都搖擺（氣燄囂張）起來——最初臺灣人的確是很歡迎中國人來接收，以爲又重回祖國的懷抱，但事隔不久，一些地方意見領袖看到砛皮鞋的、賣蚵仔炸的如此搖擺起來，非常看不順眼。加上戰後很多從戰場回來又找不到工作的人，因此，臺北一有事，就有人搭同一班早車，各站都有人下車通報，所以一下子全臺灣都動起來，電台都被占領。

論功行賞

二二八南部醫生界死很多人。我們這裡還算平靜。

在這次事件中，因爲我們埔心鄉瓦窯厝【註9】有一位張姓人氏是擔任縣長的司機，動亂中特別拿著雨傘肉身保護縣長，把他載回到瓦窯厝躲藏。因此，後來瓦窯厝一地很多不識字的、牽牛車的，也都升官去當刑警。

爲了這事，瓦窯厝在二二八事件中也成爲被攻擊的對象，所幸因爲我們這裡有很多武館，鄉民大家都集中到埔心鄉農會信用部的大樓，所以信用部牆壁到現在還留下很多彈孔。

依我看，二二八事變中，各地其實沒什麼組織，只是後來得知南部很慘，很多醫生被殺。

談到四萬換一元，我們來回想：1945年日本降伏，才短短4年，到了1950年，錢就不能用了，用一些紙條寫10萬就10萬，我們附近有一間土地公廟，連窮人捐款都捐了好幾萬【註10】。我帶你去看。

你看日本時代的存簿儲金是以分、以釐爲單位，50年幣値都沒變。我還在庄役所上班時，身上裝的是銀角仔（零錢），上一次酒家用不到幾塊錢。國民政府接收才不過4年，舊臺幣就不能用，變成4萬舊臺幣換1元新臺幣，到了現在，1塊錢掉在地上根本沒有人要檢。國家財政變得如此……。

小廟造價7381萬臺幣

那時一碗冰5圓，很貴。因爲那時還沒有冰箱，冰塊很貴，賣冰的要用鋸木屑把冰塊包覆保冷，因爲很貴，買的人很少，經常是一整塊冰塊只偶而有一個人買，其他就任其融化了。

損失無從講起

至於詳細情形因爲事隔太久，忘了。只記得錢一直薄，後來就用寫的。存在農會的錢都不見了。

損失多少？那無從講起。所以我趕緊回來務農，趕快以農作物的生產，逐漸再累積起來。剛換時新臺幣1元還很大，現在丟掉沒人要，這樣說你就知道了。

三七五減租那時政府規定，放領時依每甲田的價值，一半以股票支應，我哥哥說我們持有股票沒有用，不如賣掉，想不到後來股票上漲，而我們的股票早已經賣掉，田也都沒有了。

左起孫子黃俊仕、黃路、兒子黃政行

我們3兄弟原本有12甲多的農田，放領後每人剩下不足2甲地。只剩一半左右；我後來又買，又被放領。

為什麼還要買？因為不知道接著又推行「耕者有其田」，此後就不再買地了。所幸那時播田收成很好，有一年稻子收成不好，我因為在田邊種玉米，結果玉米的收成比種稻還要好，總算可以補回來，就這樣度過最艱困的年代。

後來稻米的價格逐漸下跌，我就改種芭樂及葡萄，因為忙不過來，最後只專心種葡萄。

降伏後我就不再擔任公務員。那時役場的助役是臺灣人，特別來家裡問我為什麼不去上班，因為我任公務員時風評很好。後來這幾十年慢慢演變到如今的地方選舉，派系惡鬥，各擁其主，選舉風氣變成如此，令人感到很無奈。

【註1】「投降」的日文用法，日本投降文書稱為「降伏文書（こうふくぶんしょ）」

【註2】此處指發生於1935年4月21日的「新竹臺中大地震」，又名「關刀山地震」、「后里大地震」，或「墩仔腳大地震」，芮氏規模7.1，震央在今苗栗三義及關刀山一帶，計有3276人死亡，受傷人數達12053人，是臺灣有史以來傷亡最慘重的自然災害。其中又以豐原郡的死亡1494人，以及5913人受傷，成為單一地區死傷最多的一地。

【註3】今臺中市后里區內埔（墩仔腳）。根據內埔國小校史指出，大地震當時校舍18間全部倒塌，因地震發生於清晨6:02，學生在家死亡106人，受傷209人，教師罹難者2人。

【註4】竹竿及柴刀是用於檢查時，往農家的床下或是稻草堆等容易

私藏米糧的地方刺下去，是許多那個年代臺灣人的共同記憶，這些官員的兇悍令人印象深刻。據一些受訪者表示，萬一不幸被查到了，家中年紀最大的就出面認罪，以保護其他家人免於受罰。

諷刺的是，國民政府接收臺灣不久，特別是228事件之後，同樣的場景重演，檢查的人換成荷槍實彈的國軍，到民宅的房內或柴房搜捕被鎖定的異議人士，萬一被找到什麼蛛絲馬跡，可能被抄家。

【註5】地方上有一些婦女生出皮膚特別白晰的嬰兒，因而有人傳言可能是與神職人員有關，因沒有人特別去查證，只能語焉不詳帶過。

【註6】臺灣俗語，指領人薪水就要時時有被老闆質問的心理準備。

【註7】黃三元因家境不錯，員林高中畢業後曾任職於埔心鄉公所等職，但他最有興趣的事是唱歌，因此，1960年退伍後即開始進入亞洲唱片公司。黃三元不只擅長唱歌，也自行創作很多流傳迄今的歌曲，其中最有名的為「素蘭小姐要出嫁」、「阮不愛你」等，他也喜歡以自己家鄉的風情創作成歌曲，例如「賣椪柑的小姑娘」、「員林姑娘」、「三元調」等，並曾拍攝電影，一時之間成為家喻戶曉的寶島歌王，知名度不輸文夏，可惜後來因車禍，並因一隻腳不良於行，晚年疾病纏身，於1999年過世。

【註8】國民政府接收臺灣初期，原臺中州，即今中彰投三縣市改名為臺中縣，從1945到1950年五年間，縣府所在地設在員林。

【註9】今員鹿路、瑤鳳路一帶。

【註10】據黃路家不遠、鳳霞國小對面一間小土地公廟的重修紀念碑上的記載：1949年重修捐款額度最多者為540萬元，最少為10萬元，黃路捐了470萬元，當時尚使用舊臺幣流通；到了1978年再度重修時，捐款最多者為1萬5千元，最少者為6百元，黃路捐了1千5百元新臺幣。

想為子孫留塊好土地

鄧鮮（右）。

受訪者背景

受訪人：鄧鮮
出生年月：1932年
訪問時間：2010/10/16
地點：鄧宅
訪問人：陳婉真、曾雅琪

背景說明：鄧鮮女士是很純樸的鄉下人。丈夫於52歲死亡，時年50歲，她不願再婚，獨自扶養女兒長大。目前在名間鄉擁有6分多的土地，全作爲有機栽植各種作物。鄧女士說她原本身體不是很好，近幾年從事有機農業後，身體反而變好了，在大片山坡地來回奔忙臉不紅氣不喘，還可以爬樹採果，看不出已經年近八旬。

訪談內容大要：

我是在7歲就讀頂新厝國民學校【註1】那時全是石子路，沒有鞋子可穿，每天上學都要走路約40分鐘，回來更久，因爲沿路有甘蔗車運送甘蔗，小孩子邊走邊檢甘蔗車上掉下來的甘蔗吃。

小時候這裡都是相思樹園，從名間街上到松柏嶺的路上到現在還有一間燒木碳的碳寮。相思樹枝就是燒木碳的原料。

日本人統治的時候，碳寮附近有一個兵營，所以戰爭時這裡也有飛機來轟炸。空襲時我們就躲到路旁的壕溝裡。曾經有一個住在崁仔腳的人到名間買東西時，在路上遇空襲被炸

從事農作的鄧鮮。

死，其他並沒聽到什麼傷亡。另外，我父親曾被徵調去做農務工，時間很短，只有40天。因爲我家除了父親以外全是女性，沒有兵役的問題。

日本時代我們都改了日本名字，我的日本名字叫「恭子」。

我母親會做大腹衫【註2】。我18歲時母親送我到附近學裁縫。我邊學邊玩，學到20歲就在家開設家庭裁縫店，那時沒什麼成衣可買，因此，全庄的衣服幾乎都是我幫他們做的。因爲是在鄉下，沒什麼行情，我的收費很低廉，工作很忙，尤其是過年期間，常常做到過年夜都沒時間睡覺。

不知薪水袋長什麼樣

早年學裁縫和一般工匠一樣，剛去學習時學徒要付學費，我只付了4個月的學費，後來鄰居有人拿布來，老師就把一些簡單的工作交給我做。兩年後我自己在家做，我也不會計算成本，大家都是鄰居，價格便宜隨便算。我賺的錢大多交給母親貼補家用，所以到出嫁時，身上只剩55塊錢。

四萬換一塊時的日子怎麼過，因爲時隔太久，忘記了。只記得結婚時，我丈夫是鐵路局員工，每個月薪水才7、8塊錢。結婚時我娘家沒收聘金，那時他在屏東工作，來住我家3天，接著回到新街【註3】宴客，他身上的錢都用光了，問我有沒有錢，我把僅有的55元拿出來，他家人才去買米買菜請客。所以新婚時兩人都兩手空空，就這樣白手成家。

結婚後是我這輩子最好命的一段時日，我們先去住屏東鐵路局宿舍，我只負責煮飯帶小孩，先生負責買米買菜，欠缺什麼就向先生開口，我連丈夫的薪水袋長什麼樣子都沒看過。

我聽說先生家以前田地很多，萬丹湖【註4】一帶都是，後來不知什麼原因都沒有了。我娘家因爲這一帶都是相思樹園，而且都是我父親自己耕種，土地沒有被徵收。

這地方從前都是相思樹或甘蔗園，後來有人砍掉相思樹，試種一些農作物，大家看不錯，才慢慢開墾成現在這個樣子。目前種茶、鳳梨等，都用了不少農藥。

我二女兒肝不好，也聽說庄裡有人因爲噴農藥生病或死亡的事，女兒有一次去聽演講，回來後一直叫我不要再用農藥，我想爲了女兒的健康，就決定作有機栽培，我們也去做過有機認證，確認我們這塊土地土質很好，現在我一個人種了6分多的各種蔬菜，女兒有空就回來幫忙採收送到有機專賣店去賣，大家都說我種的有機蔬菜很好吃。最重要是對身體健康有益。

我覺得我們這個地方很好，我從小住到老，未曾有過颱風，921大地震也沒什麼災害。我要把這好的土地保留給下一代。

【註1】即今南投縣名間鄉中山國民小學。當時為皮子寮公學校頂新厝分校。

【註2】昔時漢人主要仍著唐衫，即「對襟衫」；婦女在重要場合如結婚禮服即著右衽繡花布扣之寬大禮服，稱之。

【註3】名間鄉地名。

【註4】名間鄉地名。

祖師廟與總督魂

鄭有財於三峽祖師廟解說。

受訪者背景

受訪人：鄭有財、鄭李麗月

性別：男

出生年月：1924年

訪問時間：2011/8/4；2011/9/29；2015/6/30

地點：新北市三峽區

訪問人：陳婉真

背景說明：他是三峽祖師廟最資深，也是人氣最旺的解說員。

他是出身三峽的名畫家李梅樹先生的女婿。

李梅樹一生熱心公益，1945年終戰後被推爲三峽代理街長，翌年三峽街改制三峽鎮，並成立鎮民代表會，李梅樹任代表會主席； 1950年起連任3屆臺北縣議員，1964年起，在中國文化學院（今文化大學）、國立藝專（今臺灣藝術大學），及國立臺灣師範大學校任教。

國寶級解說員

1947年三峽祖師廟重建，地方推李梅樹先生爲重建負責人，他不僅親自設計施工，並到鹿港禮聘多位石雕及木雕師傅駐廟，祖師廟的重修工程終其一生仍未完工。

地方傳言，李梅樹因自知祖師廟重建完成之日，即是他壽命結束之時，因而故意拖延，其實是因爲藝術家對故鄉廟宇的重建全力投入，堅持精雕細琢。

譬如廟裡一根百鳥龍柱，是李梅樹繪製一百隻體型、姿態各異的不同鳥類底圖後，再由師傅慢慢雕刻完成的；前殿正門前的一對石獅是他親自設計、監工並親自操刀修整的傑作，因爲剛開始石雕師傅認爲李梅樹不過是教授，只會紙上談兵，對他所設計的圖樣頗有意見，李梅樹因而親自動手，師傅才心服口服。

這種修廟的認眞與專注全國僅見，也造就今日三峽祖師廟無論石雕、木雕或彩繪，均爲藝術精品，每年吸引無數本國及世界各地的遊客前來參觀。

建廟期間李梅樹因勞累過度，胃出血不止，經緊急送醫而度過險境，病癒後爲使工程順利進行，乃於1976年找來女婿鄭有財先生擔任重建總幹事，直到李梅樹過世後仍繼續推動重建工作，惜因其後祖師廟董事會不耐施工拖延，在李梅樹逝世10年後，將他禮聘來的多名資深駐廟雕刻師傅全數資遣，改向中國進口模鑄石柱，鄭有財先生也難逃被排擠的命運，但因他對祖師廟的了解，知情的人仍以「廟公」暱稱。

他曾任教職，不只精通日語，英語嘛會通，許多來自世界各地的人士到祖師廟參觀，都會指定鄭老師擔任解說員。臺灣歷屆總統，包括蔣經國、李登輝、陳水扁等參訪祖師廟時，都由他導覽解說。和外國人交換名片時，他都強調我們是臺灣國，因此，日本人在寄給他的信封上都寫明是：臺灣國新北市。

1994年，鄭老師罹患直腸癌，經開刀及化學治療等，幸已痊癒，身體依舊硬朗，或許因爲他對祖師廟的長年付出，祖師爺特別保佑他健康平安。鄭老師則說他是爲了要等臺灣眞正獨立，因此不願死。

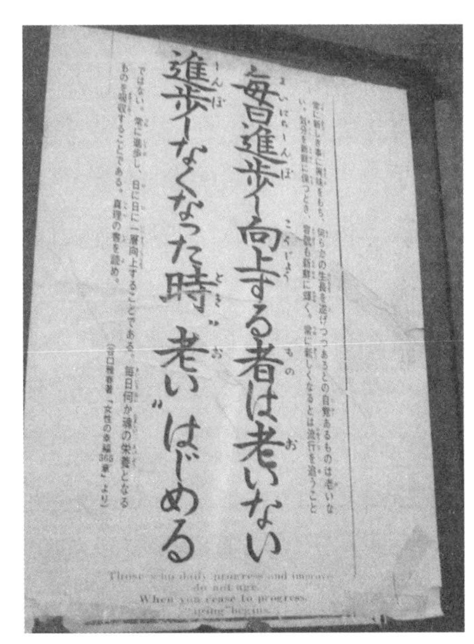

用日語寫的座右銘：不老祕訣。

問他如何保持健康，他指著貼在櫃子邊的日語座右銘，大意是：每日進步向上，人不老。

他把在祖師廟的解說工作認爲是從事國民外交最好的管道，經他導覽解說的遊客來自世界各國，很多人回國後會寄著作或是禮物給他，而鄭老師也在短短的解說過程中，讓國際遊客看到臺灣寺廟建築之美，以及臺灣人的尊嚴與榮耀。日本的《讀賣新聞》曾在1999年介紹過祖師廟，認爲祖師廟的建築是寺廟藝術的精華。另有一位德國的遊客回去後寫信給他，說他孫子得了癌症，請鄭老師替他在祖師爺面前祈求平安。

僅管這麼努力行銷祖師廟，卻因爲他對祖師廟的會務了解太多，諸如他發現董事會有一些買土地以少報多等情事，以致常有國外訪客或是記者慕名來找鄭老師，都被技巧性的排拒掉了。

他喜歡收集資料，幾乎每談到一件事，他就到房間某處找出一堆書本信件或是剪報，資料多到兩處住宅都跡近塞爆；他也搜集一些木化石，或是日本時代的文物等，令人目不暇給。

他的夫人鄭李麗月是李梅樹先生的次女，生於1929年，因爲是在陰曆11月15日出生，月亮正圓，取名麗月。戰前就讀第三高女，不久因爲交通不便，國民政府來了之後治安更差，又發生二二八，就沒有再去讀了。

兩人於1949年結婚，她的嫁粧如衣櫃、桌椅等，是特別請木工師傅到家裡製作的，使用迄今看起來依舊大方漂亮，一如兩人歷久彌堅的感情。

訪談內容大要：

21歲以前是日本人

鄭有財（以下簡稱財）：我今年88歲，21歲以前是日本人——日本國民啊，李登輝先生也一樣，他還去日本讀書，他哥哥當兵時死在海外。

對我們這一代來說，我們和兒子孫子的環境都不一樣，對國家的認同也南轅北轍。

戰時我在教書，老師教學生都嘛呼叫：「天皇陛下萬歲」，在臺灣人的心裡，已經都自覺是日本人了，因為臺灣屬於日本，臺灣有我們自己的家人父母妻女，我們和日本人搭同一條船，不只要同心保護自己的國家，也為了日本國而和支那、美國、英國打仗，「日本一定要贏！」這樣的觀念普遍深植人心，所以說在觀念上我們就是日本人。

我所接觸的日本人無論學生也好，老師也好，從未被他們欺負過，老師都對我們很好，到老師家補習，不只沒收錢，還煮紅豆湯請我們吃。

我第一次發現和日本人有差別，是在畢業後就業支薪時和日本人不一樣，日本人多6割【註1】，例如我們領50圓，日本人就多30圓，實領80圓，算是內地人【註2】到殖民地工作的加給優待，其他沒有差別。

那時老師月薪45圓，三峽橋建橋費用是4萬4933.26圓，算是很大圓了。1919年完工的臺灣總督府建造費用是

280萬3338元。你看日本人在臺灣是很用心在建設，當年這些建築物，現在都成了臺灣的國寶。

中國仔就不一樣，我們對中國連一絲絲的感情也沒有。我們都稱他們爲「支那」、「支那人」、「支那兵」等。而他們自稱中國也是很奇怪，日本有一個地方地名就叫「中國」，「中國」這名詞對我們而言很困惑。

尤其他們戰後來接收臺灣，那情況就好像他們沒有家，我們把家借給他們住，咱是厝主，伊是厝腳，怎麼反過來厝腳變厝頭家，眞可惡，我一想到這問題晚上就睡不著覺。

但是到今天很多臺灣人還沒醒，我常想我們的祖先唐山過臺灣，就是爲了過好一點的生活，只是沒有想過自己當主人，才會造成這種厝主變厝腳的現象。

反倒是日本教育對我們一生的影響很大。幾年前我在三峽橋上聽到一個人用日本話稱呼我「先生」，我一問才知道他是我65年前的學生，我問他幾歲，他說他80歲，日本話的「先生」只用在尊稱老師或是醫師、律師等。你看65年後都還用日語稱「先生」，我們對日本一直都存有那樣的感情。

鄭李麗月（以下簡稱月）：三峽橋未改建前，我們小時候還有渡船可以直通萬華，我阿伯就讀總督府臺北醫學校，就是從這裡搭渡船到萬華，再轉車到學校。幾十年來經歷過很多大水颱風，到現在還那麼堅固。

財：三峽橋是昭和8年（1933年）峻工的，比總督府晚14年完成，設計師名叫杉村庄一，日本人在橋上不會留

早期三峽橋下有養鵝、養牛、婦女則在河邊洗衣，很熱鬧。

下什麼政治人物的名字，而是刻上設計師姓名，以示負責。

這是我在學生時代去神社參拜，回來的路上去書店買一本書，發現裡面有兩張郵票，這兩張郵票很特別也很寶貴，是大東亞戰爭一周年（1942）的紀念郵票，那時分別發行陸軍和海軍各一款郵票。票面兩錢的還要加付捐款1錢，實付3錢；5錢的要多付2錢，實付7錢，多付的部分就寄付【註3】給國家。這是戰時特別發行的郵票，很有紀念價值。

一邊一國　彼此尊重

我這一生經過3個朝代：大正、昭和、以及現在的所謂「中華民國」。

我是彰化工科學校（今彰化師大附工）第一屆畢業。我原本的第一志願是臺北二中，但沒有考取，不久以第2名考取彰工。

我比較希望再升學，彰工不能升學，因此，工科3年畢業後，我到臺北中學插班，臺北中學就是現在的泰北中學，當年的老師都很優秀，大多是日本東京帝大退休後轉任的。我在北中讀了4年級及5年級兩年，成爲第4期畢業生。

（出示畢業紀念冊）可惜我當年的畢業紀念冊被家人不小心弄丟了。這是我們班上一位熱心同學陳太平多年後特別編的，他把當年的照片和後來的照片放在一起作爲對照。前臺北市長高玉樹的弟弟也和我們同學。

泰北中學畢業後，我在插角公學校教書，一直教到日本戰敗爲止。

我們借住在製茶廠裡，有一位日本人中尉也疏開來和我們同住。還有好幾位臺北帝國大學的日本人教授都疏開到那裡，所以公學校多了一些日本人學生。那時插角公學校學生很多，現在反而少。

我沒有去當兵，因爲徵兵對象是大正13年12月以後出生的，我是6月出生，不在徵調之列。

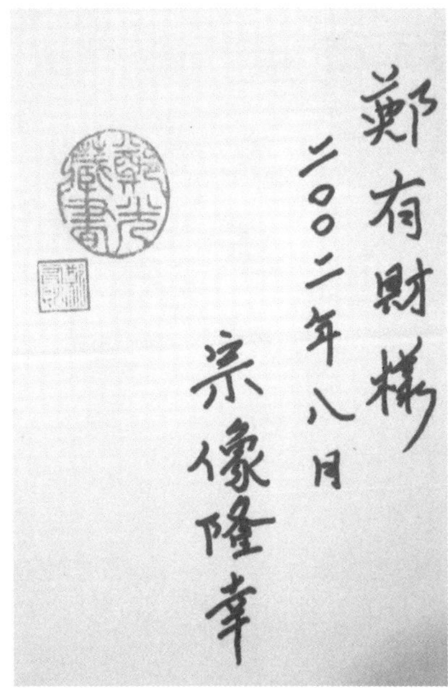

臺獨聯盟中央委員宋重陽，本名宗像隆幸，也曾贈書給鄭有財。

片倉佳史所著《臺灣日本統治時代的歷史遺產》。

月：日本政府是先調日本人從軍，所以在臺灣的日本人老師及醫師被徵調去當兵的很多，我就讀的三峽公學校就有兩個日本人老師到中國當兵戰死。

財：戰爭結束局勢稍穩後，我去讀法商學院，後來併入臺灣大學，因為臺大校舍不足，我們被編為臺大法學院專修科，我讀社會行政，修業3年。

我在祖師廟接待過的人很多。像這位日本人宗像隆幸【註4】回去後寄一本他的書送我。這位是日本人片倉佳史【註5】所寫的日本統治時代歷史遺產的書，也是作者送的。

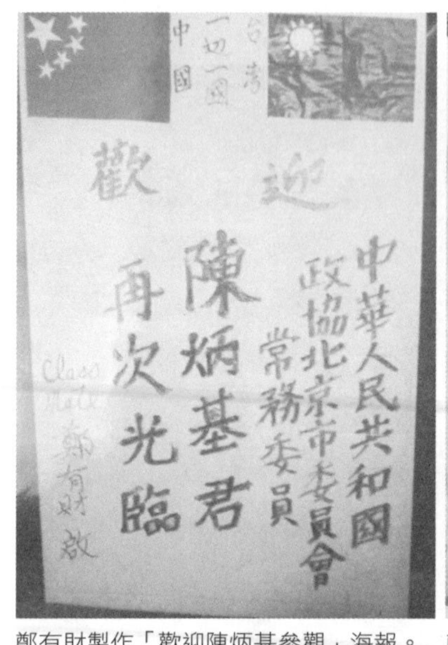

鄭有財製作「歡迎陳炳基參觀」海報。

鄭有財的名片都寫台灣國字樣，所以日本朋友寄來的書信不會誤寄到中國。

另外，這張照片是陳炳基頭一次來祖師廟時，我貼的海報。

陳炳基是我的大學同學。二二八事件發生時，他也去參加，當局要抓他，躲了3天，李登輝曾給予協助，後來跑到中國。

2001年他回臺灣，和兒子一起來祖師廟參觀，我特別寫了一張海報，分別貼上臺灣和中國的國旗，並寫著：「臺灣中國，一邊一國」，以及歡迎他光臨的字樣，我還在我的名字前面冠上「Classmate」，貼在廟口。平等啊，一邊一國，彼此尊重。

接待過程中，我說你從前愛臺灣，現在為什麼不回來一起打拼？他說回臺灣吃不飽。他在中國好得很，職務是人大政協北京市委員會常委，現在不回來了。

因爲戰時和英美都是敵對國，政府並不鼓勵說英語，我的英語都是靠自修學的。我三兒子曾經參加華航招考，2千多人應考，他考第1名，但因爲華航的特權背景，他決定不就任；我老二在美國，他說要當美國人，我也贊成，他們怎麼決定都沒關係，快樂就好。我在美國的兒子說，很多中國人非常有錢，那些錢都是歪哥來的。我就想到賽珍珠所寫的《大地》，她非常了解中國，她說中國農民很可愛，但是官場就不一樣，都是吸人民的血。我是覺得中國人幾千年經常在亂，換朝代就亂，三年官兩年滿，不歪哥怎麼辦？

參加二二八遊行

雖然和中國打仗，日本人對孔子也很尊敬，戰爭中爲了「知己知彼」，舉凡三國誌、論語、孟子、唐詩選等中國著作我們要讀，對於孔明、關公，或是詩人李白、杜甫，其他如陶淵明、孟子、岳飛、文天祥等人物都非常尊敬，但是談到中國人，總是難掩輕蔑之意。等到他們來了之後，我們實際看到的，就更加不堪了。

月：我們非常看不慣，那些來臺灣的中國人，即使貴爲校長，生活習慣都很差。

財：差還沒關係，還自以爲比臺灣人高一等。二二八就是臺灣人對於中國人的總反彈，只是現在日子久了，大家都忘記了，只有我們這一代的人還記得很清楚。

二二八時我是學生，我也參加了長官公署的遊行，喔啊，那掃射一來「啪呀、啪呀、啪呀」的……。

家人等不到我回來，以為我被打死了。其實我是躲到長官公署對面的州知事宿舍【註6】，平靜後才步行回到三峽。

我也曾去過蔣渭川那裡，並在簽名簿上簽名，因此，二二八事變過後，我到插角山上躲了1個月。

安定一點後不久，我們又到李連春【註7】那裡去抗議。因為那時米、糖、鹽等都重要民生物資被運到上海，導致中南部的同學到臺北讀書竟然沒米可吃。後來有一次李連春到祖師廟來參觀，我還向他提起這事。

我在1949年從臺大畢業就去三峽初中教書。沒多久，我爸爸說教書無法養活家人，要我回去幫忙家業：標林班砍伐木材兼經營製材工廠【註8】，因此我就辭職到大溪，在我哥哥的製材所工作。1976年我岳父身體不好，才去祖師廟當他的祕書，一直當到1983年岳父過世後，被推為祖師廟重建委員會總幹事，10年後因理念不合離開。

窮畢生之力修祖師廟的李梅樹

我岳父是一個清廉潔白、大公無私、公私分明的人。祖師廟剛開始重建時沒有什麼錢，他都要自掏腰包，還常常請師傅吃切阿麵，拜託他們做好一點。

他除了自己寄付之外，也以兒女的名義捐錢。

祖師廟鐘樓的銅鐘是日本九州熊本縣，人吉新聞社社長石藏正次先生，深受李梅樹教授為建造被稱為東方藝術殿堂祖師廟（石藏先生原文是說「臺灣的東照宮」），出錢出力奉獻的精神所感動，特別請日本國寶級名師傅設計，並委託鑄造聯合國和平鐘【註9】的「老子製作所」鑄造的梵鐘，贈送給祖師廟以表敬意，銅鐘的兩側分別有石藏正次的題字「正覺大音，響流十方」，以及李梅樹的題字：「鐘響四方，世界大同」。

換人之後就有很多不好的傳聞……，全臺灣有名的廟大多有這種問題。

當年岳父之所以答應重修祖師廟，主要是因爲三峽原本是山產、煤礦、木材、茶葉及藍染等產業重鎮，後來隨著環境的變化，逐漸蕭條沒落，整條三峽老街原本的染房一家家關門，爲了振興地方觀光業，他以36年的時間主持祖師廟的重建工作，期間不但分文未取，還自己捐地捐錢，對地方的貢獻眞的很大。

他在日治時期就擔任三峽庄的協議員，國民政府接收後他先擔任代理街長，接著擔任鎮民代表會主席。

二二八發生時，內山有一些少年人也紛紛跟著喊打，岳父召集大家在中山堂開會勸阻，得以無事。

他擔任過皇民奉公會會長、警防團團長、協議員等職，算是地方頭人，三峽地處偏遠，沒發生什麼事，他也沒事，如果當時也有一些打鬥事件就不一樣了，你看陳澄波是岳父的前輩，他就不幸罹難了。

月：阿公姓李，入贅到姓劉的阿嬤家，因此兄弟中有姓劉也有姓李的。

阿公家庭環境很好。常聽說劉家李家的田合起來千餘租，但我也不知道千餘租是多少，只知道兩家的土地範圍最遠到桃園，以及橫溪一帶都是。聽說有些人得知政府要實施耕者有其田的消息後，提早把農地賣掉了，損失就比較小，父親沒有，印象中只拿回一些股票，沒什麼價值。

直到過很久以後，在興建桃園國際機場時，我們和堂哥都收到徵收土地的請領補償費通知，但沒有理會，後來就變爲國有地了。家族中有人去辦理的，領了一些補償費，我們沒有。

桃園農校建校時，有部分土地是父親他們兄弟寄附的；三峽祖師廟他也捐贈一部分土地。

原本當時的地主，收租是家中主要經濟來源，一下子被斬斷了，很多地主的生活變得很可憐。

積極入世的藝術家

財：就是這樣，我岳父在世時都沒有享受到，只留下好名聲讓子孫得享餘蔭。

月：父親每天都很認眞畫畫，有一次姑姑回娘家，問他說你畫那麼多作什麼，他說：「以後我若死，你們就知道。」果然後來這些年他的畫越來越値錢。

財：我父親也很偉大，他5歲就失怙失恃，長大後入贅，全靠自己的努力，任職於三峽街插角的「三井合名會社」製茶部，當時在插角建設亞洲最大的大豹製茶工廠，全廠面積2000坪，動力120馬力，年產紅茶（日東紅茶 Black tea）30萬斤，茶園有574甲。

三井合名會社的林業部，設有樟木、檜木及雜木等林班，父親起先在製茶部工作，後來向三井會社標林班砍伐木材兼營製材工廠。

戰時做木材有特別配給米。我當老師時，有一次帶學生去板橋看馬戲團，回來後煮飯給學生吃，那時米是配給品，很稀罕，一般家庭自己吃都不夠，大多吃番薯籤糜。

我岳家就沒有了。岳丈人很正直，一次鄰居送東西到家裡，我岳母收下，他回來很生氣，說現在都是配給制，大家生活都很辛苦，我們不能拿人家的東西，邊說邊氣得把整張桌子都掀翻。

月：那是鄰居自己去河裡釣鮎魚，送一些過來給我們，我媽媽認爲是人家的好意，剛把魚殺好，爸爸回來後非常生氣，要媽媽立刻把魚退還給人家。

財：他當議員時也是一樣，有鄉人請他幫忙，他都自掏腰包幫人家出車資，還請人吃中飯。

那時像楊三郎、李石樵、顏水龍等畫家有事都要來找他，因爲畫家之中會講北京話的只有他和陳澄波。陳澄波曾去中國教書，可惜在二二八事變中遇難。

岳父也當過農會理事長，卻連自己的田也保不住。

他就是這樣，總是爲公事而忙，卻沒有時間處理自己的私事。他一度還想選臺北縣長，還好沒選，否則就不可能留下那麼多作品。

選縣長那次，有人帶他去見省主席黃杰，黃杰問他：

「你準備多少錢要花？」他說30萬。30萬哪裡夠用？光是巴結地方黨部黨工都不夠！

永久守護臺灣的明石總督

三峽舊名三角湧，雖然地處偏僻，日本人剛登陸臺灣時，在三角湧遭遇到頑強的抵抗，有30多名日本官兵戰死，爲此，日本政府於大正12年特別在公園立了一個「表忠碑」【註10】，三峽人反抗日本人的精神令人敬佩。

只是演變到今天，地方上有一句話說：「鶯歌出碗盤，大溪出豆干，三峽出鱸鰻。」但是現在三峽溪看不到鱸鰻了，因爲以前的護岸堤防是用亞鉛線籠裝進石頭，所以有鱸鰻生產繁殖的場所，現在改爲水泥堤防生態遭到破壞，已經看不到鱸鰻了，今昔兩相對照，實在令人感嘆。

這和統治者的心態關聯很大。你看以馬英九爲首的國民黨，和這個日本時代第7任的明石元二郎總督【註11】差得遠了。

明石很偉大，他是在1918年就任，翌年過世，才來一年多的時間，他的政績包括興建日月潭水庫工程、水力發電廠、打通南北縱貫鐵路、以及籌措開闢嘉南大圳經費5千萬。

爲了這些重大開發工程，他前前後後花了半年的時間，說服內閣總理大臣，要求政府撥款，說服過程中有一次講到他自己漏尿都不知道，這是他孫子講的。

明石總督是九州福岡人，他在返回日本述職時死亡，臨死前特別交待他母親要把屍骨拿到臺灣埋葬，他母親以75歲高齡，果眞把兒子的遺骸拿到臺灣埋葬！這就是愛這塊土地的表現，和廖中山教授【註12】一樣，和蔣家父子至今不願下葬的心態則是截然不同。

明石統督的遺骨起先埋在三板橋【註13】，後來那地方拆除，現在遷葬到三芝。因爲國民黨統治時代故意隱晦這段史實，所以現在年輕一代知道這件事的人很少很少。

他實在偉大咧，對臺灣的貢獻也很大。想當年總督在臺灣猶如皇帝，要買幾棟房子都沒問題，他不但沒有，死後還交待埋葬在臺灣。他自己是武將出身，卻向日本政府建議臺灣的總督不能用軍人，政府也採納了，因此，第8任以後都是文官來擔任，只有戰時例外。

日本時代第7任總督明石元二郎。

日本人治理臺灣和朝鮮兩個殖民地，態度完全不一樣。

日本企圖支配朝鮮，從1904年開始漸漸掌握朝鮮的內政外交，在1910年8月按照「日韓條約」終於合併朝鮮。

臺灣是清國戰敗割地，因此，臺灣第一任總督一來就下令以兩年為限，不願成為日本人的，可以選擇當中國人，要住臺灣或回中國都可以，那時臺灣人口280萬人，選擇要當中國人的，在臺北縣有1874人，臺南縣2200人，全臺合計只有4456人。

明石統督的遺骨埋葬地三板橋（1999年遷葬至三芝）。

所以說，我們這一代所經過的事，你們不知道的還很多、很多……。

【註1】「6割」即日語「6成」，亦即60%之意。

【註2】日本時代在殖民地臺灣稱日本本國為內地，稱日語為國語。國民政府接收臺灣後沿用之，變本加厲的強迫臺灣人不能說方言，要說國語，並稱中國大陸為內地。
同樣的用語，不同的朝代卻代表完全不同的意義，造成受過日本教育的臺灣人對「國語」與「內地」這些用語特別敏感，怎麼號稱祖國的中國政府，和殖民者的日本竟然用的是一模一樣的用語，甚至臺灣人受到的差別待遇比日本時代有過之無不及？

【註3】「寄付」係日語「捐贈」之意。

【註4】宗像隆幸，1936年出生於日本鹿兒島，中文姓名為宋重陽，

臺灣獨立建國聯盟中央委員、亞洲安保論壇幹事。1970年協助彭明敏教授成功逃離臺灣，就是由宗像隆幸請同學阿部賢一到臺灣後，把護照交給彭明敏教授，並換上彭明敏易容變造過的照片，得以順利出國，阿部賢一再向日本大使館辦理護照遺失補發後回國。

【註5】出生於1969年的片倉佳史，畢業於早稻田大學教育系，為知名旅遊作家，對臺灣日治時代的建築、原住民及鐵道文化特別感興趣，他的日文著作《臺灣日治時代遺跡》，及《臺灣土地・日本表情——日治時代遺跡紀行》，均曾被翻譯成中文發行，1996年來臺定居，對臺灣的歷史文化如數家珍。

【註6】今中山南路監察院對面街角，後來一度改建為臺北市議會及市警局中正一分局。

【註7】李連春（1904-2001）臺南縣後壁鄉人，1938年擔任臺灣總督府米穀局顧問兼臺北州米穀納入組合參事和事業部長，及臺灣農業會第二部部長；1946年擔任臺灣省糧食局副局長，後升為局長，主持臺灣糧政長達24年，曾長期被聘為總統府國策顧問。

【註8】臺灣原本有許多高山原始林，其中許多木材材質珍貴，例如檜木、扁柏、紅豆杉等，日本時代開始砍伐兼進行人工造林，國民政府來臺後，更大規模伐木，以致臺灣省林務局每年的木材出口獲益驚人，加上內神通外鬼的「山老鼠」肆虐，山林遭受嚴重破壞，至1989年7月1日林務局由事業機構改制為公務機關，才停止這種漫無限制的濫墾。
所謂標林班或稱「做山」，指從事伐木業。

【註9】1951年第六屆聯合國大會上，日本代表提出「和平鐘」的構想。1954年6月，日本聯合國協會用60個國家的兒童所收集的硬幣，鑄成「和平鐘」送給聯合國，此後每年敲響兩次「和平鐘」成為聯合國傳統：一次是春分，另一次是每年9月21日的「國際和平日」。

【註10】表忠碑原立於三峽中山公園內，今已不見。表忠碑碑文如下：

「三角湧表忠之碑

嗚呼鬼神泣壯烈者三角湧血戰之事蹟也臺灣鎮撫之時坊城支隊徇大嵙崁諸邑特務曹長櫻井茂夫等三十九名僦舟運餉敵欲絕糧道兩岸夾擊我舟應戰悉殪生存者僅四名孰無不創痍矣實明治二十八年七月十三日也臺灣軍司令官陸軍大將福田雅太郎勒石以表其忠勇云」

【註11】明石元二郎（1864-1919），1889年日本陸軍大學校畢業，在1904年日俄戰爭期間密會列寧，成功說服列寧接受日本金援，是導致蘇聯革命成功的重大關鍵，並多次推動各種計畫，造成帝俄內部政權不安，難以繼續作戰，對日本的勝利貢獻很大。

日本陸軍有人說：「明石一人可抵陸軍十個師團。」；蘇聯的列寧說：「真的感謝日本的明石大佐。想頒給他感謝狀。」；德意志皇帝威廉二世也說：「明石元二郎一人，其成果超越日本滿洲20萬大軍。」

明石是於1918年就任臺灣總督，任內創立臺灣電力株式會社，並將日本時代最大規模的電力建設——日月潭水力發電計畫定案。他特別重視警察事務，改善警察待遇；就任10個月內完成巡視全島各地，是歷任總督罕見的紀錄；他也大興職業教育，廣設各級職業學校，及鋪設海線縱貫鐵路。

明石是1919年因公務回日本時，在輪船上生病，死於故鄉福岡。他的遺言是：「願余死後能成為護國之魂，亦或鎮護吾臺民。」

【註12】廖中山（1934-1999.10.7.），中國河南人，1950年隨軍撤退到高雄，當兵期間自修考進海軍官校，1963年以海軍中尉退役後，分別在屏東萬丹國中、高雄海專，及基隆的海洋大學任教。

廖中山於1965年和二二八遺孤林黎彩結婚；1967年擔任航海人員，因而接觸流亡海外的臺灣人；加上受到天安門事件及鄭南榕自焚等影響，由大中國思想轉變為支持臺灣獨立，1992年成立「外省人臺灣獨立促進會」，擔任首任會長，主張「在臺灣獨立建國的行列上，外省人不該缺席」，並發表「認同臺灣，別無祖國」的宣言，1995年復成立「海洋臺灣文教基金會」，以街頭遊行、演講及電臺廣播等各種方式，積極投身臺獨運動。

【註13】三板橋係臺北市南京東路林森北路交界之14號公園現址，當年為日本人公墓的「三橋町墓地」。戰前日本人規劃為臺北市的大型都會公園，戰後成為中國難民大批進住的違建群，1997年臺北市政府才完成改建為林森公園，並於1999年將明石元二郎墓遷葬於臺北縣三芝鄉（今新北市三芝區），2010年於林森公園之內原墓地舊址，設立「明石元二郎墓舊址銘」。

意樓滄桑

（右）陳平權與陳仰止（左）。

受訪者背景

受訪人：陳平權、陳仰止
出生年月：1922年；1931年
訪問時間：2012/5/26
地點：臺北市張宅
訪問人：陳婉真

背景說明：陳平權與陳仰止是姐弟，彰化鹿港人，著名的鹿港「意樓」【註1】是他們的老家，祖父是詩人陳懷澄，曾任鹿港街長12年，是日治時期鹿港唯一的臺籍街長，任內興建鹿港公會堂【註2】。

他也是中臺灣著名的「櫟社」創社九老之一；並於1913年與林獻堂等人共同籌設臺中一中。

父親陳培煦在陳懷澄任鹿港街長時，擔任街役場助役（鎮長祕書），主持今中山路「不見天街」【註3】的拆除工作；卸任公職後擔任過辜顯榮【註4】家的總管。戰後實施間接選舉時，經鹿港鎮民代表會推舉爲鹿港鎮第二屆鎮長，1951年起擔任第一、二屆民選鎮長共8年【註5】。

平權的弟弟陳幼石【註6】曾任立法委員，陳家是鹿港望族，是鹿港八郊【註7】之一的廈郊。。

陳家姐弟的名字均由祖父陳懷澄命名，陳平權出生時，適逢祖父重遊日本東京，在日滯留一年，與林獻堂一起從事臺灣人的民權啓蒙運動，因而替孫女命名爲「平權」。她在鹿港尋常小學校（日本人就讀的小學）畢業後考進彰化高女（今國立彰化女中），畢業第二年嫁入大雅張家。

訪談內容大要：

書香世家

陳平權（以下簡稱權）：今天一起受訪這位是我小弟，名叫陳仰止。我們家族就是「慶昌行」，「意樓」是我們老家。我叫陳平權，很多人以爲我是男性。叫我張媽媽就可以。

陳仰止（以下簡稱止）：仰止這個名字是「高山仰止」之意，另一個意思是生了我之後就不生了，所以叫「止」。

意樓現在已經是別人的了，有一次我要進去都被擋住。

我阿公叫陳懷澄，是日本時代官派的鹿港街長，父親名陳培煦，是祖父的獨生子，祖父和林獻堂等人集資創辦臺中一中，父親是第一屆畢業生。他是以全校第2名的成績畢業，原本可以保送讀醫學院，父親沒有興趣，加上又是獨子，剛好阿公擔任街長，卻不會講日語，他就去當阿

慶昌行最靠近後街的中庭。

意樓的圓窗與楊桃樹。

公的祕書，後來也當過辜家的「支配人」，就是總管的意思。辜家有3個女兒，我阿公也教辜家的女兒讀漢學。

權：阿公是詩人。我母親姓黃，叔公是清代的進士【註8】，我們兄弟姐妹書都讀得不錯，地方上的人就說我們是「進士骨」，所以會讀冊，其實我不是很愛讀冊。

止：我哥哥陳幼石。大我3歲。已經不在好幾年了。

權：不要當立委就不會那麼早死，吃太好啦。我今年90出頭了。仰止是我們6個兄弟姐妹中最小的，才80幾歲而已。

因爲我阿公是獨子，家父也是獨子。我母親先生下我們3個姐妹後才生弟弟。爲了祈求早日得子，母親向神明許願，跪120下，我親眼目睹的，所以大弟弟出生時是家中大事，刣豬倒羊，全家高興得不得了。

這本書（指《鹿港意樓——慶昌行家族史研究》）裡面很多照片是作者李昭容去姐姐家訪問時取得的，我大姐叫陳翰墨【註9】，（彰化）高女第14屆第1名畢業，她在學校有什麼慶典都是拿校旗走最前面的，臺北女師畢業後曾經在學校教書。她保存很多我們老家的照片等珍貴資料，可惜她不久前小中風，目前休養中。

止：現在我要去看老家要先打電話預約。意樓的新屋主是臺中俊美餅店老闆，他買了之後修復得很好。上次去時樓上已修好，做會議場所，樓梯也改了，改得比以前平緩一點，店面賣糕餅。

陳婉眞（以下簡稱眞）：鹿港的房子都好深好深好深。

止：市街改正【註10】前還要更深。

權：市街改正是我父親執行的。改正前每一家厝頂相連，我們女眷都在樓上生活，不下到樓下的。

意樓的楊桃樹

止：作者李小姐曾經打電話問我，爲什麼我們老家客廳下面有很多石柱？我嫂嫂她們都不知道。

它的作用是古早時代還沒有冷氣、電扇等設備，在客廳下面堆砌石柱，房子會比較涼快。後來怕房子倒塌才拿掉。

作者也問，還有一個下凹、很像防空洞的設施是作什麼用的？那是我母親怕萬一房屋倒塌或是失火等意外事件發生，事先在洞裡面儲存一些衣褲及生活必需品，以備不時之需，不是防空壕。我們戰時防空壕做了兩個。

不知道從什麼時候開始，意樓旁邊的解說牌子上刻著一些說明，說什麼意樓又名「望夫樓」，有女人望不到丈夫回來抑鬱而終，甚至有

以備不時之需的地下儲物室。

的說家裡有女人自殺吊死在楊桃樹下【註11】，遊覽車導遊也繪聲繪影的解說。

無影啦，都是在編故事，我們從小住到大，根本沒這回事。後來我太太打電話去鹿港鎮公所抗議，公所才把解說內容修改。

我們家只有陳幼石去過日本留學，娶日本人爲妻，也不知道這故事是從那裡來的？是爲了增加故事性憑空杜撰的吧。

其實意樓原本是我父親的書房。那棵楊桃樹是母親懷我大姐時，因爲害喜吃楊桃，吃剩的楊桃子丟到外面後自己長出來的。所以那棵楊桃樹樹齡和我姐姐一樣大，90幾歲了。

我們年輕時代全家都是就讀小學校。叫做鹿港小學校，就在今中山路上鹿港警分局旁，現在已經不存在了，戰後校舍被颱風吹倒就沒有了。入學時因爲我們都改日本名，沒有考試。鹿港另外還有3個公學校。

我爸爸改爲古田一夫，陳幼石叫古田利夫，我叫古田光弘。父親是臺中一中第1屆畢業生，我是第31屆。幼石第28屆。你說令尊是和幼石同屆吧？

權：陳幼石你看過？

眞：看過。那時家父住在臺北，他們幾位臺中一中的同學常有往來，1978年我在臺北市參選立法委員時，他常來幫我加油打氣。您們兄弟長得很像。不過我不知道意樓就是您們家。

權：我弟弟選舉時是大選舉區，當時我們住在臺中，我家就成了他的競選總部，整天家中人來人往的，我先生很不習慣，我也很厭煩。

眞：他們那時只要國民黨提名，幾乎篤定當選，很好選。

止：話雖這麼說，還是要拿錢，我常半夜拿錢去分發。

權：他兩次選舉都住在我家，他自己倒很輕鬆，有一次他以爲選不上，竟然跑去跳舞，反倒是我比他還緊張。

九降風掀翻百褶裙

我和姐姐小學畢業後，都讀彰化高女。高女4年當中，每天早上從鹿港搭五分車到彰化，有時爲了趕時間，早餐也不吃就去搭車了。五分車開得很慢，所以經常遲到。

高女的制服是寬褶裙，又不是很長，走路時要用手壓著裙擺，尤其冬天鹿港風有夠大，都要邊走邊壓著裙子，否則無法走路，跑步時就更困難，那時讀冊眞艱苦。

止：我們讀臺中一中時住校，比較沒那麼辛苦。

眞：彰女也有學寮。

權：學校說我們鹿港距離太近，不能住。

鹿港那個風是龍捲風，那時房子又沒現在多，冬天的風勢很驚人。

眞：鹿港的九降風很有名，也就是東北季風很強，所以古人都把巷子建得曲曲折折的，才有今天的九曲巷。

權：你住彰化，所以對鹿港很了解。

止：幼石讀臺中一中時還是5年制，第2年因爲戰爭改爲4

年，所以兩個學年的學生一起畢業。我讀的時候4年就畢業。

權：我們讀書時中部只有彰化高女及臺中一中，彰化中學還沒有成立。

眞：謝東閔當省主席時，知道我是彰女畢業，每次看到我就說他們讀中一中時，很多男生都以彰女學生爲追求目標。

權：曾經有人介紹他女兒和我大兒子相親，我才知道謝東閔太太是外省人。

止：他和家父是好朋友，常去我家，印象最深是他都自備棉被，夜宿我家時司機就幫他把棉被拿進家裡，蓋別人家的棉被他睡不著。

流轉王妃的故事

權：我是高女第17屆，入學時還沒戰爭，日中戰爭的盧溝橋事變是在1937年，我15歲，那時比較沒事。

我19歲畢業。18、9歲時就幾乎不上課。那時還很保守，我們女學生一律穿黑的束腳褲【註12】，常常被派到八卦山上割草餵馬。當時馬是軍人重要的代步工具，我們割好的草就交給軍隊。

我是左撇子，很多老師及同學看我用左手割草，都覺得很有趣，所以高女每個老師都認識我，有的老師還特地跑來看我用左手怎麼割草。我因爲這樣變得很有名。

同學中另外也有人被分派到街上請路人協助縫製「千

人縫」，白布及紅線等材料由學校準備，縫好後送給阿兵哥。

止：日本人的習俗，有親人出征時，家中女性要找親朋好友，或到街上拜託路人每人縫一針，做成的布條讓軍人圍在肚圍，可以保平安。我們有一位日本籍小學老師也被調去當特攻隊，還沒輪到他日本就投降，才免一死。

日中戰爭讓我印象很深的一件事是，清國的末代皇帝溥儀擔任滿洲國皇帝，和日本關係很好。日本皇室一個和天皇家很親的貴族家庭，把女兒嫁給滿洲皇帝的弟弟，戰敗後被遣送回日本【註13】。

權：那位末代皇帝最可憐，整個中國都失去了，被逼回到滿洲，後來還被關，是很悲慘的人生。我的少女時代，報紙上經常可以看到他們的新聞。

我20歲結婚。21歲生1個，22歲又生了1對雙胞胎，兩年生3個。那時正逢空襲，好可憐，日本政府規定每家每天都要派人到神社拜拜，不去不行，我剛生產完，婆婆不准我去，幸好我會講日語，向日本警察說明後沒事，三嬸婆不會說日語，就被打耳光，日本軍人好嚴格，年紀那麼大的老婆婆也照樣打。

戰爭眞可憐，我一個小叔被列爲特攻隊徵調對象，明天要入伍，今天家人趕緊打電話到日本叫他退學——他那時在早稻田大學讀書，退學就調不到人，總算可以保住一條命。

我對裁縫很有興趣，讀高女時裁縫和英語是選修課，我選了裁縫就沒選英語課。當時很想去日本讀服裝設計，也因爲戰爭無法去。

同學差點去當慰安婦？

我們住臺中，戰爭中我家讓給隊長住，男丁留在臺中，其他婦孺都疏開回到大雅老家。當時才23、4歲，正漂亮，有時要往來大雅臺中之間，防空用的棉帽隨時要戴著，又重又熱，行經水湳機場附近，常有兵仔好心說要載我，我嚇死了，寧可用走的。

因爲我讀過書，戰時也常被指派爲什麼團團長的，婆婆一律不准。

當時棉帽不時要戴著，否則空襲怎麼辦？槍彈孔這麼大，走在路上，尤其是水湳機場一帶，牆上一個一個彈孔，很駭人。

還好我畢業後就嫁人，我們彰化高女同學還沒嫁的，政府原本也要調她們去當「特種看護婦」，所幸日本投降才沒被調。說起來那兩顆原子彈救了很多臺灣人的命，因爲據說聯軍原本的計畫是，如果日本還是不投降，下一顆原子彈預定要投臺灣，果眞如此，不知道要死多少人。

止：特種看護婦就是慰安婦。

權：未嫁的就要調。女的都調去了。我聽說他們喜歡調些不會講日本話的去陪特攻隊。就是特攻隊出勤的前一天晚上去陪睡。

止：你如果去日本，還有人特別去參觀特攻隊的紀念館，

「意樓」後街大門整修後特別保留遭美軍掃射的彈痕。

裡面有很多特攻隊員寫給家人的訣別信。

權：到了末期，空襲的次數很頻繁，經常都有B-29來轟炸，起初是白天來，接著晚上也來，半夜也來。

止：我那時讀初中，都要帶便當到臺中農學院去做工，也常常遭到掃射。

權：你不知道空襲時還要帶小嬰兒有多可憐，我們每天要去排隊領配給品，常常快輪到我的時候，宣布說配給品沒有了，沒領到的明天再來；即使幸運排到了，也只是豬肉一小塊，也沒有辦法洗乾淨，在疏開的鄉下老家，就把灰燼泡水沉澱後，取上層的水作爲肥皂水使用。

二二八的事情我完全不知。好像我們鹿港有一位施江西的醫師也遇難了。

眞：施江南。您們認識？

止：認識。

權：我記得他女兒是藥劑師。

止：他都生女兒。老大畢業於臺大。施江南的太太曾經在我們臺北的家附近開藥房，後來就不知道搬到那裡了。

權：他也是醫師？

眞：對。他剛好在生病，從床上被帶走。

辜家也有政治犯

權：臺灣人死很多人，都是受良好教育的人。這就是政治了。好像辜濂松的母親【註14】也曾經被關？

眞：那應該是二二八之後，戒嚴時期的事了。

止：二二八我正好在臺中一中就讀，聽說謝雪紅他們在臺中戲院演講，我也跑去參加。

我只是中學生而已，大家喊口號，我也跟著喊，其他忘記了。回到學寮以後，看到有一些外省老師被追打，我們很多學生爲了保護老師，把老師藏匿在舍監宿舍的天花板上。

我岳父是金山人，是李登輝前總統小學的音樂老師，我聽說二二八前後他曾藏匿過李前總統一陣子，因此，他當總統時，農曆初一都會請老師和老同學一起聚餐，總統府派車到丈人家接老師，我們夫婦曾經陪丈人一起參加過這樣的聚會。

權：我在家裡都是負責買菜的。婆婆每次給我1百圓，我回來都會記帳，那時候一包豆豉才5錢。1百圓足夠買一整個月的菜。

眞：那是「青阿欉」，應該是日本時代的事吧？我是指國民政府來了之後的物價大波動。

權：我知道有這回事，詳情不知。反正我沒錢就向婆婆拿，也有記帳，詳情忘了。婆婆掌權，我當媳婦不能過問，所以不清楚。

眞：三七五您們原本有多少田？

權：這要怎麼說？只知道田租收入沒有了。

止：他們家是大家庭，有專人負責，都是帳房在管理。

眞：您們有收租，突然碰到三七五減租及耕者有其田，衝擊應該很大吧？

權：封建時代的大家族生活很辛苦。我上有婆婆，我從娘家很單純的家庭嫁到大家族，家中的事沒有我置喙的餘地。我平常只要有一臺縫衣機，每天坐在那裡就夠了，我不會玩牌，什麼四色牌我不會。婆婆常說只要一臺縫衣機給我就可以。買菜之外我不管事。

止：反正她婆婆給錢，花完再向婆婆要。

眞：您們陳家有沒有田地？

止：無啦，阿公擔任公職錢都花光了。

權：我嫁妝沒有田，這也是當媳婦不好當的原因之一。我先生中學畢業，婆婆說娶媳婦不要娶有錢人家，要娶個家庭單純的比較好。

止：要娶高女畢業的啦。錢他們家有。

權：我大姐比較好命，沒有和長輩住在一起。我是從大家族熬過來的。所幸孩子讀書都不用我操心。人家說我公公風水是狀元地。

眞：以您們當時的家境，您結婚時應該有帶嫺【註15】去吧，幾個？

權：一個就很多了。張家是大家族，吃飯要好幾桌，佣人很多，我是大媳婦，公公已經不在，家裡都是二房叔叔作主，婆婆不識字，我3個小叔都在日本讀書。當人家大房媳婦很辛苦，若不是很堅強，連傭人都會欺負你。

我主要是負責買菜，每天要走很多路，所以到現在身體還這麼好。

我婆婆因爲不識字，受了很多苦，因此，她選媳婦的第一個條件就是要讀過書的。

我總共生了6個小孩。我先生因爲身體不好。婆婆要我求神祈願，我28歲向佛祖許願，我說我只祈求全家健康，孩子們平安長大，能夠走大路，此外有沒有錢不重要。爲了許這個願，我一直吃早齋（早餐吃素），直到60多歲時到美國兒子家住一段時間，才無法再吃素。

【註1】意樓位於鹿港鎮中山路119號旁巷內，興建於1809年，為鹿港八郊中之廈郊陳家「慶昌行」所有，日治初期一度為施姓所

占，後由陳懷澄買回，陳母吳氏命名為「天遺室」。

意樓的最大特色，是閣樓建築上一個磚砌圓形花窗，有葫蘆與古錢等雕花，造型高雅精美， 含「圓滿」、「福祿」及祈求生財之意，是鹿港傳統建築保存較好的古窗，不但是鹿港必遊景點，也成為重要的鹿港文化古蹟象徵之一。

由於陳家子弟均遠赴外地發展，意樓已轉手，新主人以修復古蹟的工法自費整修，讓意樓重獲新生。

【註2】日治昭和初年，鹿港商業繁榮，文風鼎盛，街長陳懷澄有感於群眾聚會頻繁，卻沒有一個適當的集會場所，乃於1928年，將其祖父偕同廈郊商人興建的萬春宮及廈郊會館拆除，興建鹿港公會堂，為當時鹿港最大的西式建築。2010年經彰化縣政府指定為縣定古蹟。

公會堂位於鹿港老街出口處，也是老街銜接天后宮的重要道路，公會堂前廣場昔日是港口貨物集散地，具有特別的歷史意義，也是鹿港老街古蹟保存區內不可多得的戶外活動空間。

【註3】不見天街是早期臺灣街道的特色，因為商店街由兩邊街屋搭蓋屋簷及雨棚，將整條街的路面蓋住，仰望不見天日，因而得名。

最有名的是鹿港，因為早年商業鼎盛，在直通碼頭的最繁榮街道上，商家為了讓消費者增加購物的舒適度，以防止遭受烈日、雷雨及冬季強烈的九降風侵襲，因而形成大片的不見天街。清代鹿港名儒洪棄生如此形容：「樓閣萬象，街衢對峙，有亭翼然，亙二、三里，直如弦，平如砥，暑行不汗身，雨行不濡履。」

【註4】辜顯榮（1866-1937），鹿港人，據維基百科資料指出，辜顯榮原為鹿港一名浮浪子，因不容於鄉里而浪跡臺北，當苦力、轎夫。

辜顯榮最著名的事蹟是，清朝割臺後，他和一些士紳迎接日軍進入臺北城，並隨北白川宮能久親王率領的近衛師團南進，協助剿殺抗日臺灣人民有功，以臺灣紳士的名義獲得日本政府授勳，1896年取得臺灣總督府的鹽和樟腦等專賣特權，奠定辜家富裕的經濟基礎，1909年被選為臺中廳參事，獲得鴉片經銷權。1918年第一次世界大戰因賣糖而獲暴利，1920年成立大和製糖會社，臺灣舊俗語說：「第一憨，種甘蔗乎會社磅」中所稱的「會社」，不是鹿港辜家所有，就是板橋林家的製糖會社。1934年被昭和天皇敕選為貴族院議員，為臺籍第一人。

辜顯榮因諸多奉承日本殖民統治者的言論，一名日本檢察官在治警事件時曾讚賞他是臺灣的甘地，臺南詩人謝星樓因而寫詩諷刺他：「辜顯榮比顏智（臺語：甘地），番薯籤比魚翅，破尿壺比玉器。」

國民政府接收臺灣時，辜家全面收購《辜顯榮翁傳》並予焚毀，以逃避國民政府對「漢奸」責任的追究。

【註5】根據李昭容著的《鹿港意樓——慶昌行家族史研究》書中指出，陳懷澄及陳培煦父子兩代，都因投入地方政治太深，常付出私產與心力解決社會問題，導致兩人均以破產收尾。較之近年政場中之貪污、或利用公職累積財富的現象，孰是孰非，人民心中自有定論。

【註6】陳幼石，臺中一中、臺大農學院畢業，東京大學農學博士，曾任北醫及實踐家專教授，曾當選第五屆十大傑出青年（1967年）；第一屆第一次（1973-1976）及第二次增額立法委員（1976-1981）。

【註7】「郊」即現今的「商業同業公會」之意。清朝時期鹿港因為是和福建最近的商港，商業繁榮，所謂鹿港八郊是指：泉郊（與泉州地區貿易往來為主）、廈郊（與廈門、金門、漳州地區貿易為主）、南郊（與廣東、澎湖、南洋貿易為主）、簸郊（簸仔店之南北貨為主）、油郊（輸出花生油、麻油

等）、糖郊（輸出糖往寧波、上海）、布郊（輸入細布）、染郊（染布）。其中泉郊有二百多家商號為最大，廈郊一百多家居次。

【註8】陳平權的叔公名黃玉書。黃家也是鹿港望族。黃玉書赴京考試，已中貢士，但因奔喪，匆匆自京返臺，唯因臺人赴京趕考大不易，且貢士若無意外情形，再經殿試合格即為進士，一般仍以進士稱之。

據國家文化資料庫指出，辜顯榮幼因家貧無力就學，但仍利用工餘向鹿港進士黃玉書請益，修習漢學。

【註9】陳翰墨係陳家長女，1920年出生，也是由陳懷澄命名。1937年畢業於彰化高女後，進入臺北第一師範學校女子演習科就讀，為該班31位學生中唯一臺籍學生，因此免修臺語課。1939年畢業後任教於鹿港女子公學校（今洛津國小），職稱為訓導，1年5個月後的1941年，與北港蔡錫均醫師結婚後，在臺北行醫，育有2子7女，9名子女中有6名博士與2名碩士，連同蔡醫師，全家共有7名博士。

【註10】市街改正指1895到1925年間，臺灣總督府對臺灣大小都市所研擬實施的都市更新計畫，到了1930年代更名為都市計畫。鹿港的市街改正是在昭和8年（1933年）開始實施。

【註11】鹿港鎮公所原先的解說如下：「據傳樓中居住女子名為尹娘，方其新婚燕爾，夫婿為求功名，暫拋美眷赴試。臨行前，夫婿為解尹娘思念之苦，於意樓牆邊種一楊桃樹，並囑曰：『見樹如見人，吾試畢即返』。無奈夫婿一去音訊全無，尹娘仍苦守樓中，盼望伊人回來，終致抑鬱而終。」因陳家人糾正與事實不符，已取消。

【註12】束腳褲，又稱燈籠褲（もんぺ），日本女性戰時穿的褲子，較和服方便行動，兩個褲管打褶褲腳均以鬆緊帶車縫，即便站在高處亦不用擔心走光。臺灣的高女學生戰時也統一穿束腳褲，以方便躲警報及服勞務。

【註13】滿洲國成立於1932年，由遜清皇帝溥儀擔任元首，初期為共和體制，稱為「執政」，後稱皇帝，年號「康德」。

1937年，由關東軍的提議，畢業於日本陸軍士官學校，當時住在千葉縣的滿洲國皇帝愛新覺羅溥儀的弟弟溥傑，與日本公卿家的嵯峨浩結婚。婚後回到滿洲國首都新京（長春）。

1944年溥傑被送到日本陸軍大學校，嵯峨浩隨夫回日本一年，旋又回到滿洲。

戰後滿洲國瓦解，她在逃亡途中被國民黨軍抓到，送往上海再被遣送回日本，1960年溥傑監禁獲釋後，浩到北京與溥傑團聚，次年歸化成為中華人民共和國公民，1987年病逝於北京。

日本朝日電視臺開臺45周年的紀念大戲，即以他們兩人的自傳改編，名為「流轉的王妃」。

【註14】臺灣企業界聞人辜濂松的母親辜顏碧霞（1914-2000），新北市三峽人，臺北第三高女（今中山女中）畢業，1932年與辜顯榮長子辜岳輔結婚，1936年辜岳輔過世，次年辜顯榮也辭世，辜家唯恐她再嫁，打算把她的子女讓家族認養，她長跪在丈夫靈前發誓絕不再嫁，因而得到子女的撫養權。並接掌臺北高砂鐵工廠株式會社，定居臺北。

1950年，臺灣知名的音樂才子呂赫若因案被追捕，他是辜顏碧霞女兒的鋼琴老師，以赴日本旅遊名義向她借2千元，呂赫若逃亡後不知所終，有傳說他躲到山中被毒蛇咬死，辜顏碧霞被監禁5年，名下高砂鐵工廠、東勢糖廠、住屋及土地等家產全被沒收。

【註15】日本人統治臺灣時的戶口名簿上使用「嫺」，臺語與「簡」同音，婢女之意，中文字典找不到這個字。

鎖在聯合國大門外

鄭紹良、黃美玲夫妻。

受訪者背景

受訪人：鄭紹良、黃美玲夫妻
出生年月：1934年；1936年
訪問時間：2011/12/24、2015/5/21
地點：新北市鄭宅
訪問人：陳婉真

背景說明：早年在海外的臺灣人常說，臺灣獨立建國聯盟【註1】是全世界學歷最高的革命團體；也有人說它是最溫和的革命團體，如果不是在1970年蔣經國訪問美國時曾經發生的「四二四刺蔣事件」【註2】，要把臺獨聯盟和暴力扯在一起似乎有點勉強。

刺蔣事件引起很多海外留學生的反省與覺醒，也導致臺獨聯盟分裂，許多盟員退盟，鄭紹良就是在聯盟面臨成立以來最大危機後不久，臨危授命，擔任主席。在此之前，他長期以「王光穗」的化名，在西雅圖積極吸收盟員。

鄭紹良說，他只喜歡讀書，對擔任聯盟主席一事並無意願，碰巧那一年元月，彭明敏教授成功逃出臺灣【註3】，對海外臺灣人造成很大的鼓舞，許多人把希望寄託在彭教授的領導，而彭教授也鼓勵鄭紹良參選主席，他因而決定出任主席，並由洪哲勝及陳希寬擔任副主席，於1971年8月隻身赴任。

鎖鍊示威

刺蔣的第二年，蔣介石的代表被「立即逐出」聯合國【註4】，臺灣成爲國際孤兒。面對故鄉的處境，擔任聯盟主席的鄭紹良，在1971年聯合國開會當天，發動全世界20多處，包括美國、日本、歐洲、巴西等地的臺灣人，同時在各特定地點把自己鎖住的「鎖鏈示威」活動，其中以鎖在聯盟所在地的紐約聯合國總部大門外人數最多，以此象徵臺灣人的處境，也向全世界表達臺灣人希望建立自己國家的願望。這個活動引起紐約時報圖文並茂的報導，鄭紹良也以筆名在該報上刊載《臺灣人的心聲》，傳達臺灣人示威的訴求。

畢業於臺大土木系的鄭紹良，曾經任職臺灣電力公司計畫科，並自願到谷關參加水壩的興建，隨後考取自費留學。

他的日文造詣很深，很想到日本留學，因爲沒有獎學金，只好轉往美國，於1960年赴美，並取得機械工程博士，曾分別任職於美國波音、洛克爾，及麥道等航太公司，從事破壞力學、太空梭、人工智慧等高科技領域；也曾到日本任職，擔任過東京大學先端科技研究中心的客座研究員。

長年以來，無論在海外或是國內，很多關懷臺灣人活動的重要場合，都可以見到他的身影，曾經是黑名單的他，於1992年黑名單解禁後，政府同意彭明敏教授回臺時，他陪同彭教授一起回來；也曾投身故鄉澎湖的立法委員選舉。陳水扁擔任總統時，鄭紹良以他的科技專業，獲聘爲總統府科技諮詢委員；其後爲了打破外交困局，臺灣首設無任所大使制度，他自2004年起至2008年，擔任科技領域的無任所大使。

一如他一向的開放樂觀，對於臺灣的未來，他始終充滿希望。他說，臺灣幅員不大，加上這一百多年來受到不同文化的衝擊，在當今資本主義、共產主義都出現問題的世界大改變的時代裡，活力與創新是臺灣人最大的本錢，有相同理想的臺灣人應該可以集思廣益，發明一套新的制度，讓臺灣成爲人類新文化的發源地。

他的夫人黃美玲女士出身樹林望族，祖父黃純青【註5】是詩人，也是首任臺灣省文獻會主任委員，父親黃及時是臺北市第一屆民選國大代表，也是首任臺北市進出口公會理事長，母親黃容金善是來自廣東的富商容祺年之女，容金善女士曾在1974年10月號的《傳記文學》爲文提到她父親是最早加入孫文興中會的旅臺青年，協助中國革命不遺餘力。

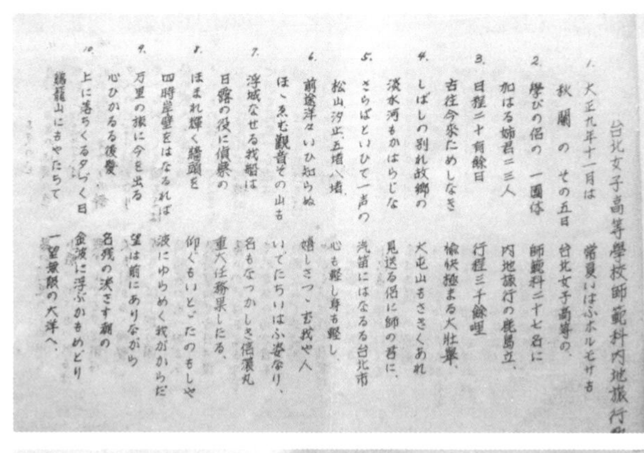

台北女子高等學校師範科内地旅行

1. 大正九年十一月は　常夏いはふホルモサも
秋闌　の　その五日　台北女子高等の、
2. 學びの侶の　一團体　師範科二十七名に
加はる姉君二三人　内地旅行の鹿島立、
3. 日程二十有餘日　行程三千餘哩
古往今來ためしなき　愉快極まる大壯擧、
4. しばしの別れ故鄕の　大屯山もさきくあれ
淡水河もかはらじな　見送る侶に師の君に、
5. さらばといひて一声の　汽笛にはなるる台北市
松山汐止五堵八堵　心も軽し身も軽し、
6. 前途洋々いひ知らぬ　嬉しさつゝむ我や人
ほゝゑむ觀音その山も　いでたちいはふ姿なり、
7. 浮城なせる我船は　名もなつかしき信濃丸
日露の役に偵察の　重大任務果したる、
8. ほまれ輝く艫頭を　仰ぐもいとゞたのもしや
四時岸壁をはなるれば　波にゆらめく我がからだ
9. 万里の旅に今を出る　望は前にありながら
心ひかるる後髮　名殘の涙さす潮の
10. 上に落ちくる夕づく日　金波に浮ぶかもめどり
鷄籠山にきやたちて　一望無限の大洋へ、

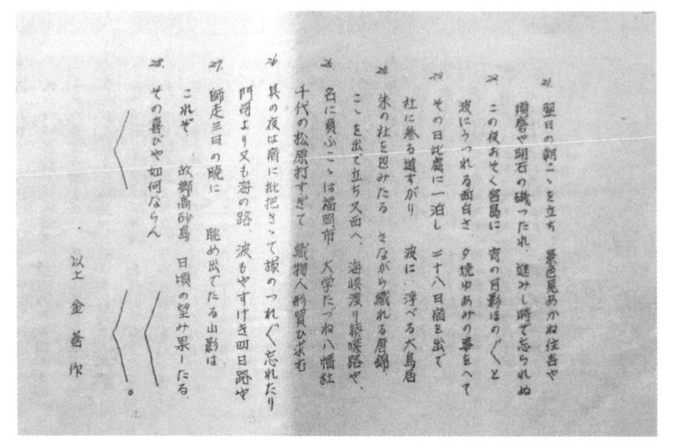

21. 翌日の朝二ゝを立ち　景色見あかね住吉や
須磨や明石の磯つたひ　進みし時ぞ忘られぬ
22. この夜おそく宮島に　宵の月影ほのぐと
波にうつれる面白さ　夕燒ゆあみの事をへて
23. その日此處に一泊し　二十八日宿を出て
社に参る道すがり　波に浮べる大鳥居
24. 朱の社を包みたる　さながら織れる唐錦
ここを出て立ち又西へ　海峽渡り旅路や、
25. 名に負ふここは福岡市　大学たづね八幡社
千代の松原打すぎて　織物人形買ひ求む
26. 其の夜は宿に枇杷きゝて　旅のつれぐ忘れたり
門司より又も海の路　波もやすけき四日路や
27. 師走三日の曉に　眺め出でたる山影は
これぞ　故鄕高砂島　日頃の望み果したる
28. その喜びや如何ならん　〱〱。

以上　金善作

黃美玲的母親容金善的文筆好，字也漂亮。

外公從事推翻滿清的革命，老公想革外公創建有功的政權的命，看來歷史在她的家庭中，開了一個不小的玩笑。

黃女士畢業於臺大化工系，曾任職中研院，後赴美取得博士學位，擔任過美國洛杉磯兒童醫院主任及南加州大學醫學院病理系臨床副教授。

鄭紹良夫婦在南加州時，爲了工作需要，兩人在比佛利山莊（City of Beverly Hills）看上一間房子，考慮房價太高不敢購買，想不到屋主是一位曾經獲得普立茲獎的作家，兩家見面相談甚歡，作家竟然借錢給他們購屋，兩家也成爲好友。

爲了配合鄭紹良的理想，早年夫婦說好不要有子女，以期沒有後顧之憂；1992年鄭紹良隨彭明敏返鄉，不久又競選立委，黃美玲都全力配合，放棄在美國的高薪，回臺和他一起打拼。

訪談內容大要：

戰火下的寧靜

鄭紹良（以下簡稱鄭）：我們這一代和日本有很深的淵源，二戰後的改朝換代對我們衝擊很大，家父那一輩的衝擊更大，他是1907年出生的，從小認爲自己是漢人，國民政府來接收前，大家原本期待很高，但是來了之後才發現，原來日本人所稱呼的支那，和父親心目中的祖國差異太大，它們和我們根本是完全不同的國家，完全不同的文化，那種衝擊難以言喻。

雖然我出生的前3年就因爲九一八事變，日本和中國開戰，但當時臺灣的生活還很安定，我父親任職於澎湖廳，屬於小康之家，生活無虞。

後來父親辭去公職，到高雄開設公司，因爲家母是嘉義女中畢業的，家人都在嘉義，所以我是在嘉義讀小學。

我有一個姐姐，我是長子，以父母親當時的情況，一對年輕夫婦，帶著一兒一女，是一個很美滿快樂的家庭，那時還感覺不出戰爭的氣氛。

我在大東亞戰爭開始的1941年進入小學就讀，起初只是偶而有防空演習而已，到了小學二、三年級以後就常有空襲，最厲害時我和父親疏開到彰化的大城鄉吳澧培【註6】家。

他父親和家父是臺中一中很要好的同學。他們家是大城的地主，空襲越來越厲害時，有一次吳澧培的父親到澎湖來邀請我們疏開到他家去，他告訴我們說他家有大魚池，可以抓魚，還養了好幾百隻的雞，他說只要我們願意去，他願意把他家讓出一半給我們居住，小孩子聽了都很高興，加上吳澧培和我同年，又有玩伴，我們高高興興的疏開到大城，吳家果然讓出一半的房子給我們一家居住。不過媽媽沒去，因爲剛好姐姐考上嘉義女中，加上母親的家人都在嘉義，她希望和外婆及阿姨在一起，因此他們都留在嘉義。

黃美玲（以下簡稱黃）：他和吳澧培同庚，兩人生日相距只有兩個月。

鄭：家父當年由澎湖到臺中就學，要先搭船到基隆再轉火車到臺中，是很遙遠的路，非常不簡單。

談到我們家的歷史，我認識一位日本人學者曾經好幾次特地到澎湖，訪問我幾個堂兄弟。因爲我們的祖先是跟隨鄭成功到澎湖的泉州人。日本人到臺灣之後，我祖父4兄弟中有兩個選擇留在臺灣成爲日本人，兩個選擇回泉州，一家人分成兩國，日本學者對這個現象很感興趣，來澎湖好幾次，也到泉州去過，就這個專題寫了好幾本書。

我父親當年讀臺中一中，算起來我們家境應該還不錯。那時臺灣的知識份子普遍都有很強烈的漢民族主義，我記得父親和吳澧培的爸爸寫信時都故意不寫昭和年號，而是寫民國幾年。所以日本天皇宣布投降時我們在大城，聽到這個消息，大人都很高興，紛紛在討論如何歡迎祖國來接收。

黃：我阿公也是。

天天送老師出征

鄭：我爸爸是臺中一中畢業後再去讀臺北高商，日本時代很注重職業教育，除了帝國大學是培養高等官僚，全國共有9所（日本內地7所，外加朝鮮及臺灣各一所。）帝大之外，在臺灣北中南各設立一所商（今北商）、農（今中興大學）、工業學校（今成功大學），家父就讀的高等商業學校畢業後擔任的是中下級官僚。

日本時代臺灣人無法擔任主官，多半只能擔任中下級公務員。總計日本統治臺灣50年，臺灣人能當到日本政府高官的不到10人，吳伯雄的伯父吳鴻麒【註7】是其中很優秀的一位，臺灣人能考上法官非常不容易。

回想起來，20世紀前半段是戰爭的年代，但是臺灣在世界潮流裡還只是日本的殖民地，所以我們小時候的臺灣算是很安定，戰後才經歷大改變。

戰爭的印象最深刻的是，常常要歡送老師赴戰場，到現在我都還清楚記得唸小學時拿著旗子送老師去當兵，那種悲壯的感覺。

陳婉眞（以下簡稱陳）：我聽說戰時好像當老師的不徵兵？

鄭：那是對於臺灣人的老師，到了戰爭末期，日本人幾乎人人都免不了要上戰場。

歡送的場合都會播放戰歌，很多人都愛聽那些戰歌，我小時候也很愛聽。我記得到了三、四年級的時候，幾乎每天都要送老師出征，空襲也越來越多，到了1944年就疏開到大城。

我們在大城時，吳澧培家的前庭堆滿甘蔗，因爲戰爭期間製糖會社無法收甘蔗。

陳：對，我聽說戰爭期間溪州糖廠遭到轟炸，燒了好幾天，糖廠業務也癱瘓了。

鄭：他們家附近很多農民是和會社契作種植甘蔗的，會社不收，只有任令腐爛。

陳：我很好奇，那時戰爭頻繁加上世界性的經濟不景氣，爲什麼臺灣的經濟情況看起來還不致於那麼差？

鄭：戰爭加上經濟不景氣，的確是問題，可能因爲那時臺灣還沒有全球化，加上日本的官僚制度嚴謹，日本又厲行節約，例如配給制度以及規定人民不能燙頭髮等，所以雖然有一陣子經濟非常蕭條，還不致於造成社會動亂。

陳：澎湖有沒有受到空襲？

鄭：有，我有一個堂兄就是在空襲時全家躲在防空洞裡，都被炸死了。

家父因爲已經過了當兵的年齡，因此沒有去當兵。美玲的兩個姑丈，也就是我岳父的妹婿，兩人都是醫師，都被調到南洋當兵沒回來。

鄭紹良（左後）和弟弟們合影。

臺灣人得知日本戰敗時眞的很歡喜，高興能重回祖國，想不到國民政府來了之後，日本時代的壓迫與不平等待遇不但沒有改善，反而更加厲害，譬如日本時代各級學校對日本人都有保障名額，一班如果收30名學生，日本人保障20人，即使日本人成績較臺灣人差，也是日本人優先進入就讀；日本人讀的是小學，臺灣人只能讀公學校。

國民政府來了，這個現象並沒有改善，外省人歧視臺灣人的情況很嚴重，因此臺灣人很快就對國民政府澈底失望。

黃：對。我讀日本人的樺山小學，也是很不容易才考進去的。

被罵「清國奴」，笨蛋剝筍殼

鄭：我姨丈家是嘉義的大地主，姨丈讀的是日本人的小學校，一班才只有兩、三個臺灣人而已，而且都要先作身家調查，要改日本姓名。家父就是不肯改日本姓名，在澎湖廳任公職時和廳長起衝突才辭職的。

又譬如讀日本小學校時，學校每天配給一包甘仔糖，學生都要排隊領，輪到我時卻不給我，因爲我是臺灣人，甘仔糖只配給給日本人。

陳：那麼惡質！不過話說回來，國民黨更加惡質。

鄭：是啦。那時被日本人欺負很生氣，也曾爲此和日本人打架，日本人就罵我們是「清國奴」。

黃：日本員警很兇，曾經有一個笑話，一個鄉下賣竹筍的農民挑著筍沿街叫賣，員警用日語罵他笨蛋，因爲音和臺語「剝殼」很像，筍農誤以爲警察要他把筍子的殼剝掉，於是停下來剝筍殼，越剝越被罵得不知所措。

鄭：戰後我爸爸開始很認眞的去學北京話，他們是眞心歡喜能夠回到祖國。那時因爲謝東閔是他臺中一中小一級的學弟，謝東閔擔任接收委員，他知道爸爸熟悉澎湖縣政，找他一起辦理接收任務，全家因此又回到澎湖，父親擔任澎湖縣政府財政課長，我也因此轉到馬公中學就讀。

父親原本在高雄開建設公司，事業做得不錯，很多父親的好友聽說他要回澎湖接收，紛紛勸他不要回去，但他有他的理想，因而回到故鄉，事後果然令他非常失望，因爲文化的差異，讓他無法適應，譬如中國人的紅包文化，認爲收紅包是理所當然的事，這一點父親始終很不以爲然。

這讓人想到吳伯雄一家，他的伯父吳鴻麒是很優秀的法官，他就是深深體會中國人對臺灣人的差別待遇，結果遇害，反倒是吳伯雄一家卻能無動於衷，還能位居國民黨要津。

戰後的澎湖經驗，只有一個「亂」字可以形容，比臺灣還要亂。因爲國民政府軍隊撤退的第一站是澎湖，生活品質之差可以想像，尤其戰後一般人的生活都很不好，每一個家庭都是一件衣服哥哥穿過之後傳給弟弟，再傳給更小的弟弟，我的弟弟就抱怨說他永遠都沒有新衣可穿。

這麼窮困的時代，一下子來了那麼多軍隊，很多民宅被軍隊強占，寺廟、學校就更不用說了。我家裡也駐紮了很多軍人。

不過，因爲澎湖是屬於軍事統治的情況，二二八事件過後的清鄉，家父原本列入逮捕名單中，因爲全縣軍管而沒有被抓，算是死裡逃生。

皇親國戚的同學

黃：我父親在日本時代因爲想考日本內地的大學，16歲時獨自到日本讀中學，家人不知道他是怎麼去日本的，一切都是他自己來，先到高崎讀中學，和前日本首相福田糾夫是高中同學，後來讀日本商科大學，就是現在一橋大學的前身；大學時和現在日本皇后美智子的父親同學。畢業後回到臺灣，住在臺北的四條通、八條通一帶，並進入三菱公司服務，是第一位受聘爲三菱職員的臺灣人，很不簡單，然後公司派他出國，有天津和紐西蘭兩個地方讓他選，他選擇天津。

鄭：我們的父親那一代已經被制約成不會反抗體制，只知道在體制內打拼。

我和美玲在美國結婚時，因爲黑名單的關係，雙方家長都無法見面，我只知道美玲的家族是望族，也聽過她父親的名字。後來我們有機會到日本時，特地去拜訪福田首相，福田也約見了我們，他說岳父很優秀，還問美玲是黃及時的第幾個女兒。

黃：福田事後曾經訪問臺灣，也和父母見了面。父親也因爲和美智子父親大學同學的關係，皇太子結婚時，父親還接到他們的結婚請帖。父親說，美智子因爲嫁到皇家的關係，娘家不便和她多所聯絡，非常寂寞，有時母親想念女兒，就要事先打聽皇太子妃何時去聽音樂會，母親也去聽，只能遠遠的看著女兒以解思念之苦。

陳：日本人好像女兒嫁出去，就不太和娘家來往。

鄭：不會，只是因爲她嫁到皇族，限制比較多。

鄭：我岳父可能比我爸爸更不快樂，雖然他後來擔任過國民大會代表，也當過臺灣省進出口商業同業公會聯合會、臺北市進出口商業公會的首任理事長，但像他們受過日本教育的人，很難適應中國人那一套價值觀和處事方式。

至於我的父母親，他們是看到中國人來了之後才知道有貪官污吏這回事，那時流傳一種說法，中國官僚中山裝上的中山袋，是爲了裝錢才做得那麼大。只要接收官員看上那一棟房子，那房子就是他的，我父母受的是日本教育，難以想像會有這種事情發生，他們的痛苦與不適應可想而知。

陳：謝東閔就很適應。

鄭：他們都曾到中國住過，也就是所謂的「半山」，他們比較能夠適應。

難逃歷史的操弄 回頭竟是一場空

黃：他擔任進出口公會理事長時，爲了配合政府開拓外銷市場，出口了一批菸酒公賣局的香菸，結果是有問題的，被退回來，公賣局不肯賠，由他自己吸收，所以爸爸是從日本公司的高級職員，到進出口失敗，都經歷過了，失敗之後只能吃飯攪鹽。

鄭：我們上一代的臺灣人很可憐，這也是殖民地人民的悲哀，只能說岳父生不逢辰，如果他出生再早一點，像楊肇嘉那一代也許還可以有一些作爲。他在日本期間好像也參加過一些抗日的活動。

黃：好像楊肇嘉的回憶錄中有提到這一段【註8】。

談到殖民地人民的悲哀，我爸爸的大學論文題目就是：《荷蘭時代的臺灣殖民地政策》。

鄭：他爸爸在戰前到天津之後，擔任天津支店副支店長，在臺灣人中算是最大的了，等於現在的副社長，日本戰敗後，日籍的社長返回日本，他爸爸就成爲天津支店的社長。

他們這一代逃不過被歷史操弄的命運。當時滿洲國成立，雖然是日本人扶植的傀儡，但是日本很多年輕人很想建立一個理想國，一些有理想的臺灣人也都很想去，希望能有所發揮，戰後回來卻是一場空，什麼都沒有。我曾聽一位親戚說，他們在中國曾目睹軍閥征戰中，常常槍斃老百姓，竟然有人等在刑場旁，等到人被槍斃後，拿饅頭去沾血來吃，說是可以治病。

陳：魯迅的小說裡曾經提到這個故事。因爲那時中國人肺癆病患很多，傳說吃人血可以治肺癆。所以中國人是很野蠻的民族，您沒聽說滿江紅裡面的「笑談渴飲匈奴血」，中國人有吃人血的習慣，還邊喝人血邊談笑風聲。

鄭：再談到戰後國民黨撤退的經過。那時我唸初中，我還記得可以看到《大公報》，邊看報紙邊想著內戰打到什麼地方，想不到一下子就撤退到澎湖來了，澎湖那麼小的地方，人口也少，一下子來了好幾千人的國軍，到處占住民宅、學校等公共空間，澎湖有一間戲院一下子住了好幾百人，那時我們家住的是日本式房子，很大，被一對營長夫妻連同侍衛兵占住了一部分，部隊就在我們家的庭院烹煮三餐，廁所就設在屋外的庭院角落，那時幾乎所有民宅都被軍隊占住了。

陳：我們上小學時，學校禮堂也還住著很多軍人軍眷。

黃：他們找不到木柴生火，把學校的課桌椅都拿去燒了，有的小學因此沒有課桌椅。

陳：很多寺廟裡的珍貴匾額也被劈成煮飯的木柴燒掉了。

看他們哭　跟著哭

鄭：不過也有些澎湖人發了一筆小小的財，因為軍隊來那麼多，很多人需要買一些日常用品之類的東西，讓生意人賺了一點錢。

話說回來，跟隨國軍來的人，想起來他們也很可憐，像謝聰敏兄曾協助的山東流亡學生事件【註9】，我就目睹那些才10歲、11歲左右的小孩，父母原本是委託校長帶他們來升學的，結果流亡學生裡面，年紀比較小的初中生留著，大一點的全部要他們志願從軍，編入軍隊，敢反抗的立刻刺死，用麻袋包著丟到海裡，年紀小的集體帶到員林實驗中學。這些事澎湖人都知道，那年我15歲，看到那一大群比我還小的小孩子哭泣，令人不忍。

陳（請問黃）：您們到中國多久？

黃：我小學一年級去，五年級回來。我爸爸媽媽先去，我因為準備考樺山小學，考上後大姐也剛好考上第三高女（今中山女中），所以我和大姐是1943年才去的，我們跟著父母親的友人一起搭船到大連，我是7歲入學。1946年10月回臺，過沒幾個月就發生二二八事件。

我祖父曾任臺灣省文獻會主任委員，樹林酒廠是他創辦的。日本人來了之後採取菸酒專賣政策，阿公的酒廠被收購，那時好像是以5萬圓成交的，算是很大一筆交易，阿公就搬到臺北市，在中山北路蓋了一間房子名叫「晴園」，4個兒子住一起，中間的餐廳大家一起吃飯，外壁是淡綠色，屋頂是深綠色，建材都是從日本購買的，裡面還有防空洞。

取名「晴園」是因爲祖父名「純青」，阿嬤名叫「周旦」，加上父親那一輩的名字都有個「日」字旁，併「日」、「青」兩字爲「晴」。【註10】

鄭：就是在今天中山北路晴光市場的北邊。當時神社在圓山，中山北路就是從神社到總督府最重要的一條馬路。

陳：您剛剛說國民黨撤退的第一站是澎湖，您記得他們大約在澎湖住了多久嗎？

鄭：差不多有1年多。澎湖比較特別的是，土地有限，厝就這麼多，像馬公人口才三、四萬人，一下子幾十多萬人進來，根本就沒地方住，所有公共空間都被占了，能夠住民宅的是比較高階的將官。

那時才發現，原來不同文化的差異那麼大，造成澎湖人生活步調大亂。也有一些像剛剛說的流亡學生，才14、5歲而已，黃昏時走在海邊，看他們哭，足可憐，我也跟著他們哭，很同情他們。

我父親那時擔任合作社理事主席，有一間很大的宿舍。有一次一個士兵拿著1包米到家門前，說他剛從離島來，他身上只有這一小包米，午飯沒得吃，問我們能否用這包米煮頓飯給他吃，父母親看了很同情，請他和我們一起吃飯，他吃飯不用菜，只要了一根蔥。

政治早熟

黃：山東人都這樣，我們在天津家裡有一個老媽子是山東人，她吃窩窩頭就是配蔥。

鄭：他邊吃邊講自己的故事，我印象很深，因爲對我們而言是很新奇的事。他說他是學生，突然說共產黨快打來了，一下子就撤退離家，全校師生都搬過來。

有一點倒是好的，就是流亡師生裡面有一些老師很優

黃美玲母親黃容金善在《傳記文學》發表懷念他父親容祺年的文章。

秀，其中有的是北大畢業或是留日的，馬公中學就聘請他們去教。戰後澎湖師資很欠缺，一度馬公中學找不到老師，化學和英文課都是我爸爸去教的。

我在馬公中學時，和漢寶德同學，有一位很好的老師孫光瑞教授很疼我們兩人。有一次我和漢寶德代表馬公中學到軍區司令部參加一項集會，回來的途中我忍不住罵軍隊在澎湖的種種惡霸行爲，漢寶德在他的回憶錄裡面就提到這一段，對他而言這種事他從未想過，所以他認爲我是政治早熟，因此，知道我在美國參加臺獨運動，他一點也不意外【註11】。

其實我的個性內向，很愛讀書，但因爲戰後師資很缺，我們的英文老師才中學畢業，發音不好，以致我的英語不好；我的中文發音也不好，在馬公中學時，一度是由司令官兼縣長的妻子教我們中文，我只記得她很時髦，長得很漂亮，她的北京語發音很好，她一直想改正我的發音，她越改我越不會講，因爲日語和中文發音時，舌頭的用法不一樣。

陳：可是您讀日文的時間也只有幾年而已，爲什麼日語反而講得好？

黃：因爲他爸爸有很多日文書，所以他的日語一直在進步。

鄭：父親愛讀書，我家裡本來就有很多書，日本人回去以後，又留下了很多書給爸爸，我每天在家裡都在看那些書。

陳：您剛剛說到戰爭中您姐姐考上嘉義女中，後來如何？

鄭：因為空襲很厲害，她沒去就讀，直到戰後她另外考上臺南師範，後來繼續讀師範大學。

黃：大空襲時，美軍在臺北市是每隔100公尺就丟一顆炸彈，中山北路剛好丟到靠近大同公司附近那顆炸彈沒有爆炸，否則大同公司損失就很大，我們家可能也不保。

鄭：再來談戰後的改變。1945年中國接收臺灣時，有很多左派的中國人也跟著來。

在國民黨全面撤守前的那4年，30年代中國的一些思想家與文學家，像魯迅、郭沫若、巴金等的作品，都還可以公開閱讀，影響了很多那時十幾歲的臺灣青年，有不少人多少有左派思想就是由此而來。但不久就禁止了。

黃：學校圖書館也都把這些書收起來了。

陳：對，我叔叔也差不多和您們一樣的年紀，我讀中學時，家中還有很多他讀中學時的教科書，魯迅、巴金等人的作品都是從那些教科書中看來的。

槍口對準家門口

鄭：二二八事件中，澎湖因為軍隊控制嚴格，大體還算安定，我們只是從收音機中聽到一些訊息，但聲音不清楚，雜音很多，彷彿聽到嘉義機場有事。

我們當時住日式宿舍，有一天，對面憲兵隊的圍牆開了一個洞，剛好對準我家正門，家人覺得奇怪，因為那個洞很像放槍的孔，父親跑到隔壁鄰居家，借用他們家樓上去查看，發現果然是槍孔，下面還放著一張矮凳，大概預備萬一有事就開槍，家人相當緊張，所幸後來平安無事。

鄭紹良在美國常為革命事業四處奔走。

至於白色恐怖的經驗，我父親的堂兄有個兒子年紀比我大，名叫鄭澤雄，大約22歲，剛由師範學院畢業，到馬公中學實習，可能還沒有正式受聘任教職，只因爲大學時代參加讀書會就被槍斃，他妻子沒有改嫁，後來有領到補償金，但有什麼用？他父親當時是澎湖縣議會議長，叫鄭大洽，那個時代因爲全面逮捕，即使父親貴爲議長，也救不了自己的兒子。

四萬換一元時我已經讀中學，記得大家生活都很辛苦。我很愛吃肉，卻吃不到肉，因爲那時肉、蛋都很貴，一般人買不起。

我讀過一部日本的小說，提到他們戰後生活很苦，有客人來時只能煎蛋請客，我心想有蛋吃就很好了，可見我們當時的窮苦，比小說中描述的還要苦。還好澎湖還有魚可吃，但還是很苦。

陳：三七五您們就沒有影響了？

鄭：澎湖沒有農地，完全無法種稻米，只能勉強種一點菜，澎湖沒有地主，也沒有三七五減租等問題。

談到三七五減租，其實是國民黨到臺灣後，爲了消滅地主階級而採取的政策，因爲它認爲地主階級是潛在敵人。

我們在海外從事臺灣獨立運動時，日本人就曾分析認爲，早期從事臺獨運動的人，多數是地主的子弟，也就是左派所認定的資產階級子弟。

在這波土地改革中，臺灣的地主階級全被消滅。兩百萬軍隊、難民等一下子湧進來，對臺灣造成很大的衝擊，地主沒落，像我姨丈是嘉義的地主；吳澧培的家族也是，財產都沒有了，取而代之的是比較活潑的人，最明顯的例子是林獻堂的遠走日本，以及王永慶的崛起。

【註1】1947年二二八事件後，臺灣倖存的領導人不是逃到中國，就是到日本，前者如謝雪紅、蘇新等人，後者以廖文毅在日本成立臺灣共和國臨時政府最為著名。

廖文毅於1965年被迫回臺投降，接著由王育德成立《臺灣青年》雜誌社繼續推動，並於同年成立「臺灣青年獨立聯盟」，後與在美國成立的「臺灣獨立聯盟」，及加拿大、歐洲等地臺獨組織合併，於1970年元旦正式宣佈成立臺灣獨立聯盟（World United Formosans for Independence，簡稱ＷＵＦＩ），成為全世界性的臺獨組織，並於1987年改名為「臺灣獨立建國聯盟」，在戒嚴時期對國民黨政權造成極大的威脅。

臺獨聯盟是否革命團體在海外也常引起爭辯，但自從臺獨聯盟遷盟回臺之後，隨著時空環境的改變，它目前只是一個主張臺灣獨立的社會團體。

【註2】「四二四刺蔣事件」指1970年4月，時任行政院副院長的蔣經國往訪美國，由於美國有意承認中華人民共和國在聯合國的席位問題，特別以國家元首的高規格接待蔣經國。臺獨聯盟的黃文雄於4月24日，蔣經國進入紐約的廣場飯店（Hotel Plaza）門口時，對他開槍，史稱四二四事件。

這事件和蔣經國擔任行政院長後，積極引用臺籍「青年才俊」有沒有直接關聯，外人不得而知，但事件過後，蔣經國終其一生都未再離開臺灣一步。而以當時留學生多數是靠獎學金及打零工過活的經濟情況，兩個月內即募得19萬美金的鉅額保釋金，根據刺蔣事件主角黃文雄的看法，海外臺灣人如此熱烈的反應，等於是對蔣政權少數獨裁統治的「另類民意調查」，對於當時強力扶植蔣政權的美國，不無警示作用。詳情請參閱臺灣獨立建國聯盟網站：《四二四刺蔣事件的回顧與反思》10/17/2003，作者黃文雄。

【註3】彭明敏（1923年8月15日出生），臺灣高雄人，法國巴黎大學博士。1944年他在日本就讀大學，因不願為日本人服兵役，搭船赴長崎投靠兄長，途中因所搭乘的船隻受到美軍轟炸而失去左手，戰後返臺就讀臺大，並分赴加拿大、法國取得碩士、博士學位後，於38歲時出任臺大政治系主任，1961年擔任聯合國大會中華民國代表團顧問，1963年獲選首屆十大傑出青年，。

1964年，彭明敏和謝聰敏、魏廷朝共同起草《臺灣人民自救運動宣言》，而於9月20日被捕，1965年2月，三人被起訴，彭明敏被判八年有期徒刑，因國際特赦組織等團體的奧援及美國施壓，迫使蔣介石特赦彭明敏，但生活遭到特務嚴格監控，彭明敏在友人的協助下，於1970年元月成功逃出臺灣。

【註4】退出聯合國當時，臺灣各媒體都只以所謂「排我納匪案」名之，蔣介石並宣稱漢賊不兩立，拒絕美國所提雙重承認的建

議，也就是讓中國和臺灣同時併存於聯合國，導致臺灣長期成為國際孤兒。

根據聯合國官方檔案，即聯合國大會2758號決議，全文如下：

「回顧聯合國憲章的原則，考慮到恢復中華人民共和國的合法權利，對於維護聯合國憲章和聯合國組織，根據憲章所必須從事的事業，都是必不可少的。

承認中華人民共和國政府的代表是中國在聯合國組織的唯一合法代表，中華人民共和國是安全理事會五個常任理事國之一。

決定：恢復中華人民共和國的一切權利，承認她的政府的代表為中國在聯合國組織的唯一合法代表，並立即把蔣介石的代表從它在聯合國組織，及其所屬一切機構中所非法占據的席位上驅逐出去。」

【註5】根據國家圖書館「臺灣記憶」資料：黃純青　(1875-1956)原名炳南，幼名丙丁，字純青，以字行，晚號晴園老人。清光緒元年正月24日（1875年3月1日）生。臺北樹林鎮人。原籍福建泉州南安縣，先世於嘉慶6年（1801）渡臺。幼從王作霖受業，12歲能作八股文，逮甲午廢科舉，遂不得與試。

日人據臺後，致力實業，創立樹林造酒公司，所產紅酒，聞名全臺，家境日裕。遂為當局所重，歷任桃園廳樹林區長及臺北州海山郡鶯歌莊長33年，樹林信用組合長及畜產組合長25年，臺灣畜產協會理事10年，桃園水利組合評議員8年，臺灣總督府評議會員10年，臺灣新民報社顧問11年，膺任公職多達一百餘項，並授佩紳章、敘勳彰功達36次之多。但平日非因爭取地方民眾公益，不入臺灣總督之室。

而日本殖民者為搾取臺灣資源，厲行「工業日本，農業臺灣」之政策，然1931年日本國內連年豐收，乃限制臺米入口，嚴重影響臺灣經濟，臺中林獻堂等乃起而組織「反對限制臺米移入內地期成同盟會」，全臺五州各有代表，純青與郭廷俊為臺北州代表，與之親往東京與日當局交涉，終使日人收回成命。1941年辭去公職，舉家遷居臺北，卜宅圓山之陽，榜曰「晴園」，讀書種梅，以樂餘生。

臺灣光復後，歷任臺灣省農會理事長、省參議員、土地銀行暨合作金庫監察人、大同中學校董會理事長、臺灣文化協會監事、國語日報董事、新生報設計委員會委員、臺灣省通志館顧委員會主任委員，後改組為臺灣省文獻委員會，仍任該會主任委員。時年近八旬，猶每日赴公，審閱稿件。民國43年以80高齡致仕，尚膺任聯合國教科文組織中國委員會委員、內政部禮俗委員會委員、省政府顧問等職。45年12月17日去世，享年82歲。

【註6】鄭紹良友人，曾任美國阿拉斯加銀行總裁、美國萬通銀行總裁。

【註7】吳鴻麒（1902-1947）中壢人，日治時期曾任教師、律師，戰後任職臺北地方法院民事庭推事（法官），嗣調任高等法院推事（法官）。

1947年3月13日，吳鴻麒在高等法院處理公文時，遭兩名便衣人士強行帶走，院長攔阻無效，報請臺灣警備總部參謀長柯遠芬調查，柯答覆曰：「並無是事。」

3月16日臺北南港橋發現8具屍體，吳鴻麒是其中之一，3月17日吳夫人楊 治確認屍體後，翌日雇車運回，並通知法院及請醫師驗屍。屍體傷勢及遺失物件如下：

1. 頭部左額有槍傷，顏面受擦傷數處。頸部有麻繩緊縛之跡，皮破出血。衣褲破損，血跡甚多。臍下部及兩足股皆被打傷積血，呈黑紅色，睪丸破，其狀不堪注視。

2. 所攜帶大衣、辦公皮包、新製赤色皮鞋、懷中錶壹個、現金臺幣七仟元、印章、法院記章、身分證明、帽子等物遺失，不知去向。

吳鴻麒的孿生弟弟吳鴻麟曾任桃園縣議長、縣長，子吳伯雄曾任中國國民黨主席。吳鴻麟以降一家三代都擔任過桃園縣縣長。

【註8】楊肇嘉先生於1926年被推舉為東京「新民會」的常務理事，楊肇嘉在武島町的別墅成為新民會的大本營，也成為在日臺灣人的聚集中心。

新民會成立於1920年，除發刊《臺灣青年》外，也發行《新民會文存》三種，其中黃及時著有《同化關稅撤廢運動的提倡》。也是新民會理事之一的葉榮鐘說，新民會由創立而歸於消沉的十年間，「在這波瀾重疊的過程中，新民會不但屹立不動，且不斷吸收新的分子，增加新的血輪，乃能人才輩出，充實了臺灣民族運動的陣線，而克盡其歷史的使命。」

【註9】指發生於1949年7月13日，由山東省立煙臺中學校長張敏之，帶領山東8所學校逃難到澎湖的8千名學生，因不願被強迫當兵，導致軍方捏造「匪諜案」，張敏之等7名師生被槍決，50餘人被捕的事件。2007年7月11日，澎湖案58週年紀念日，民進黨中常會通過決議文，建請政府於事件發生60周年前，籌建國家紀念碑，並將相關史實納入國史、軍史及教科書，以彰顯反獨裁專制的人權立國理念。民進黨政府也在7月13日澎湖案當年的事發地點澎防部操場，舉辦紀念會。

【註10】根據黃家族譜上記載有關晴園名稱的由來，「或問其意，先生含笑曰：『余名純青，妻名復旦，旦，日初出也，兒名逢時、及時、得時、當時，四時皆從日，取余之青與妻兒之日，合而為晴，故名晴園，並以自號。』」。

【註11】漢寶德在他的回憶錄《築人間》中有一段說：「在馬中的同班同學中，老是與我爭第一名的是一位本地同學鄭紹良。他好像是澎湖的世家子弟，住日式房子，讀日文書，熟悉日本歷史，對世局常有看法。有一次參加澎湖防衛部辦的活動，由防衛司令主持，縣長陪在一邊，他慨嘆地說，在亂世，軍人就是一切。他在政治現實中的早熟，使我看到我視為當然的反常現象。後來他參加反對運動，我並不驚訝。」

送報伕的祖國溫馨

潘榮禮夫婦。

受訪者背景

受訪人：潘榮禮

性別：男

出生年月：1938年8月1日

訪問時間：2010/10/10、2015/3

地點：田中

訪問人：陳婉真

異族欺凌與祖國溫馨

背景說明：潘榮禮先生是彰化縣社頭鄉人。祖父是地主，耕者有其田導致家產一夕之間化爲烏有。

他一生熱愛寫作，尤其是寫諷刺當權者及社會怪象的主題。戒嚴時期文章即散見各黨外雜誌，並出版十多本「彈笑系列」玩笑著作，他的嬉笑文字功力強過怒罵，每篇都是淺顯易懂卻又讓當局者難以招架的短文。他的寫作習慣持續至今。他是彰化縣文化局列名的彰化縣文學家。

戒嚴時期聯合報曾有一個連載長達十二年的「包可華專欄」，作者包可華（Art Buchwald, 1925～2007）是美國著名的專欄作家，擅長以嬉笑怒罵的幽默筆調針砭時事，由於臺灣政治氛圍沉悶，許多人欣賞他的遣詞用字幽默易懂，因而大受歡迎，後來出版了二十多本《包可華專欄》，每本都很暢銷。潘榮禮當時即被譽爲「臺灣的包可華」。

潘先生興趣廣泛，尤其喜歡新奇事物，因此，他所從事過的職業千奇百怪，曾種過田；開過碾米廠；養過豬；也養文鳥、十姐妹等；蓋過房子；也曾開幼稚園，目前專職從事養殖金絲雀。

早年臺灣剛引進福壽螺不久，彰化縣議員鄭英男在議會提案，指潘榮禮是引進福壽螺破壞臺灣整體經濟的禍首，居心叵測，要求政府嚴辦。該案經全體55席議員中的54席議員贊成，正式成爲縣議會的決議案。

爲此他特地去找出54位比他早引進的人出來，包括詩人詹徹、員林國中黃校長……等人，證明在他之前臺灣早就有福壽螺了。

他也曾在美麗島事件後不久，因多數黨外領袖被捕，他以行動聲援，出馬參加農民團體立法委員選舉，這在當年根本毫無勝算，他還是全力以赴。黨外時期他在社頭的家也是很多北部黨外人士的避風港兼度假別墅。

據和他非常熟識的前彰化縣議員陳聰結透露，潘榮禮參選後不久，他一個就讀世新的兒子無故失蹤，校方的說法是他和同學到新店溪戲水，不愼被水沖走，但陳聰結陪著潘榮禮多次從事故地點往下游尋找，卻遍尋不著，兒子究竟遭遇了什麼事，至今還是一個迷團，也是潘榮禮心中永遠的慟。

陳聰結認爲，合理懷疑，這是一件警告及報復意味十足的政治謀殺，爲了怕潘榮禮的文字攻勢，索性殺人滅屍，讓他無從追查起。

即便遭到如此劇痛，潘榮禮不改其志，仍舊寫文章針砭時事，他的社會關懷情懷令人感佩。

他的對聯也是一絕。老作家楊逵公祭時，遺照兩側高掛潘榮禮的輓聯，上聯是：「送報伕屢寫抗日文學拘留十次四十天飽受異族欺凌」；下聯是：「老園丁一篇和平宣言綠島一趟十二年享受祖國溫馨」。

1978年美中建交，臺灣選舉被迫停止的緊張局勢下，所有黨外人士都被特務嚴密跟監，潘榮禮在他家門前貼了兩句對聯，上聯是「尼克森」，下聯是「中華民國」。跟監的情治人員看了一頭霧水，不知道是什麼意思，無法向上級報告。忍了好幾天終於向他請教。

他故意賣關子，情治人員一再拜託之下，謎題總算得解：「所謂對聯就是上下聯要對得起來對不對？我這付對聯卻對不起來，所以它的意思就是『尼克森對不起中華民國』，就這麼簡單嘛。」潘榮禮說。

社頭是臺灣製造襪子的重鎮，愛開玩笑的潘榮禮常和熟識的襪子工廠的老闆說：「你們的襪子做得那麼多那麼好，沒人知道社頭在那裡。讓我來努力，讓世人知道社頭在那裡。」美麗島事件前的黨外運動時期，社頭鄉確實因爲有潘榮禮而提高不少知名度。

幼兒教育券的推手

很多人不知道，臺灣的幼兒教育券政策是他一手推動的。他堅定主張政府幼教預算應公平合理分配，就讀私立幼托園所的幼童，有絕對權利分享國家教育資源。並與一些幼教人士成立「中華民國幼教聯合會」，他擔任首任理事長。

爲加速推動立法，他帶領一萬多名幼教人士及家長走上街頭，歷經國民黨及民進黨兩個政黨執政，終於逼使政府同意，基於幼兒教育經費由國家負擔的原則，無論就讀公私立幼托園所的幼兒，均可享有同等教育券的補助。這在國家生育率不斷下降的此時，尤爲重要。

潘榮禮著作等身，也創作一些兒童歌謠，可惜歌謠流傳不廣。近年埋首整理臺灣俚諺語等，卻因看書的人越來越少，竟然找不到出版社願意出版他的書，誠爲臺灣文化界之憾事。

訪談內容大要：

地主之子

我老家住在社頭鄉的「新厝仔」，地點在社頭和員林的交界處，即社頭芭樂市的北邊及西邊一帶。我父親是小地主，我阿伯的土地更多。

父親平常靠收租爲生。他的土地應該有十幾甲，因爲我有7個兄弟，我排行老么。小時候父親告訴我們，以後我們每個兄弟都可以分得2甲多的土地，後來因爲實施三七五減租及耕者有其田政策，老大及老二比較早分家，他們各分得2甲2分地；後面的就都沒有了。我去當兵時，父親特別告誡我說要節省一點，因爲家裡只靠一點利息過生活，大多數的土地都被放領了。所以我的兩年充員兵生活中，沒有花過家裡的錢。

政府雖然說地主可以取得工礦、農林、紙業及臺灣水泥等4大公司的股票，但那時臺灣人普遍很窮，還沒有股票的投機生意可做。何況當時這四大公司的股價都很低，卻被政府高估換算給地主，像臺灣紙業市價才不過3～4元；工礦每股1、2塊錢都沒人要，眞的是形同壁紙；最好的臺灣水泥也才只有8元的價値，政府卻全部以每股10元計算，因此，地主損失相當大。尤其土地被放領之後，原本靠收租爲生的地主無租可收，很多人生活陷入困境，紛紛把股票轉賣掉了。

政府另外也發了一些糧食實物債券，是分年給予的，多數地主也因爲無以爲生，很快就都低價賣掉了。

我父親當時自己耕種的農地有9分地，照規定可以全數保留。其餘由佃農耕作的10多甲土地，他只能保留1甲半。

雖然耕者有其田政策是共產黨的理念，我還是覺得它不錯，只是做法上地主吃大虧。事實上我們現在回過頭檢討起來，當初因爲配套不足，又是政府強行實施，很多佃農的土地也都賣掉了，到現在還持有放領來的土地的，已經所剩無幾。

退一萬步說，即便當時實施土地改革有其必要，但事隔那麼久了，也應該做一個檢討。因爲很多三七五農地經過一代、兩代的繼承，造成地主的損失不說，地主和佃農的地位早已互換，現在很多佃農都比地主的後代有錢，但地主想索回土地卻比登天還難；當然，換個角度想，沒有一個佃農會高興歸還土地的。如此一來卻嚴重影響都市及鄉村土地利用及地方的發展。

法律不是規定6年要檢討一次嗎？已經過多少個6年了？現在是做個全面清理的時候了。

火車防空壕

戰爭期間我年紀還小，我的兄長也都未達徵兵年齡，我們村裡只有一個人去南洋當兵，出征前全體家族一起熱熱鬧鬧的歡送，不像現在，接到徵集令後一個人孤零零的去，很寂寞。

我記得我大哥在彰商讀書，不知道爲什麼回來時還佩刀，威風凜凜。

我三哥就讀臺中商業學校，有一次上學沒趕上火，父親特別騎著腳踏車載他到臺中，車程大約要兩個多小時，可見父親的苦心。

想不到腳踏車騎到烏日時遇到空襲，哥哥被爆風掃到，回來沒多久就過世了，長輩說他是「驚死」的。

那時的火車爲了減少行進途中被掃射的機會，每隔一段距離，就在鐵道的上空以樹枝、樹藤、樹葉等加蓋，作爲掩護，形成火車的「防空壕」，遇到空襲警報響起，行駛中的火車就開到防空壕裡靜止不動，等警報解除再繼續行駛。

我另一個戰爭印象是，目前的大慶商工現址，戰時是戰俘營，關了很多「督鼻仔」（高鼻子）戰俘。

戰爭末期美軍轟炸越來越激烈。掃射時飛機都飛得很低，我家附近新厝仔國小隔壁就被打得彈痕累累。我也看過溪州附近漫天火紅，大人說是溪州糖廠被炸失火。

其實那時日本的敗象已露，可以說是已經到了窮途末路。最明顯的是B-29晚上來轟炸，日本的探照燈往天空照射，高射炮卻怎麼也打不到敵機。武器明顯輸人一截。後來政府通令家家戶戶各自搜集一些可燃物，在自家屋外放火燃燒，讓前來轟炸的美軍看不到目標，只能以這種最原始的方法迎戰了。

有一次我從學校放學回家，看到家裡窗戶的鐵欄杆都被拆掉了，因爲政府規定，無論政府或民間，所有大大小小的金屬器皿，一律要繳交給政府。

我還曾在我家田頭的麻竹園，看到好幾百桶汽油桶。事後想來應是日本人疏散的戰備物資。

帶神主牌逃難

戰爭最後一年我讀國小一年級，不過都在躲警報而已。我記得那時學校撥了一些教室讓一群朝鮮人暫住，小孩子好奇會去偷看，看到他們連神主牌都一起帶著逃難。

沒多久國軍就來接收，學校開始教國語。各地也都開設國語訓練班。我阿伯的兒子剛從日本回來當小學老師，他也去學國語，晚上剛學會，第二天白天就現學現賣去教學生。

後來部隊也來了。學校又被部隊駐紮借用了。小孩子看到外省囝仔大人都拿著蔥蒜生吃，覺得很新奇。

那時學校附近有一位婦女，每天到部隊收集剩飯剩菜拿回家食用。日久和一位伙食兵發生戀情，部隊移防時，婦女竟然跟著部隊跑了。後來被她丈夫抓回來，綁在樹上質問她究竟要跟誰。婦女說：「跟阿兵哥卡大啦，跟你卡長咧（指兵的官階較大，跟丈夫較能長久）。」我至今印象深刻。

二二八事變時，我不到10歲。但我記得有一天派出所響起「水螺（警報聲）」有人廣播說部隊已經開到二水了，學校趕緊要我們回家。

社頭在二二八期間沒事，但有幾位事發時到外地的鄉親卻出事了，我家一位住在「湳底」的佃農就因爲挑米到臺北賣，被掃射死了。有些當事人直到現在都還不敢講，深怕有事，心中還有一個永遠揮之不去的警總。

四萬換一元時我還小，只記得父親每天給的零用錢就有好幾十萬塊錢。

愛開名人的玩笑

有人問我，白色恐怖時期，爲什麼所有黨外活動的場合都看得到我？爲什麼我的參與那麼深？其實，我只是愛寫文章，愛開達官貴人、名流仕紳的玩笑。

我最早在《人間世》雜誌寫稿。文章被郭雨新先生【註1】看到，特地打電話說要來社頭看我。我說不好意思，應該是我去拜訪他才對。吳濁流【註2】也曾來社頭看了我好幾次。

我出版的書幾乎每本必禁。像我寫《水流屍》【註3】等很多文章，都被當時審稿的行政院新聞局及警總認爲有問題；臺灣盛行養鳥時，我寫文章說要爲引進臺灣養鳥的人立銅像以爲永久紀念，被認爲我是在影射蔣介石到處銅像林立。原先我每有新書出版，就主動寄給新聞局申請著作權證書，目的是強迫他們讀完，後來警總來函索書，我叫他們自己去買。

美麗島前後很多黨外人士的聚會我都會參加。我檢討我爲什麼沒有被抓的原因，大概是因爲我住在鄉下，又沒有參加什麼團體，而且一向獨來獨往，單打獨鬥。大概是這樣才得以度過吧。

臺灣有一度布袋戲大流行，許多人爲了看《雲州大儒俠》連工作都不做了。某天社頭一位報社記者來找我，說他正為不知交什麼稿而煩惱。我說，你就寫社頭某國小考試題目問民族英雄是誰的選擇題，結果選史豔文（布袋戲主角）的最多。這則稿子登出沒多久，布袋戲就被禁播了。

我記得有一次蘇治芬問我說：「潘榮禮，你為什麼老愛和那些統派在一起？」我問她：「什麼是統派？」我那時只是單純的和一些國民黨不喜歡的黨外人士交往，真的不知道什麼是統派。

話說回來，像王曉波、陳鼓應、蘇慶黎、孟絕子、高準這些統派，在美中建交選舉停止之後，文藝界每有活動，他們都不請自來，而且一有機會就搶著上台，態度非常積極。

我年輕時曾和我哥哥合夥開設碾米廠。不過因為糧食管制法令的限制很多，像規定買進多少米，多久之內就要賣出，就是所謂的「限期出售」，否則就是囤積。

那時還規定米不能越區販賣，違反的話不但米要被沒收，還要被移送法辦。我就曾經載米到苑裡而被移送法院。【註4】

因為當時政府管制糧食，尤其是稻米。連米粉都不能隨便做，導致臺灣米食加工業不發達。那時軍糧是不必用錢買的。所以說臺灣後來的工業化，其實都是犧牲農業換來的，政府卻從來沒有回過頭來照顧過農業，到現在還是如此。

談到這些無理的管制，就不免讓很多臺灣人懷念起日本人統治的年代。日本人是只要有立法，自己就會先守法；國民政府是要你們大家守法，他自己可以不守法。他們剛來臺灣時，看到日本人把全臺灣的戶籍、地籍等資料做得那麼完整，連都市計畫都早就做好了，臺中港也是日本人規劃的，他們嚇一大跳。

像這些，他們學了60多年都還學不來。

【註1】郭雨新（1908-1985），宜蘭人。臺北帝國大學農林專門部畢業，1948年加入中國青年黨，1949年獲遴選擔任臺灣省參議會參議員，1951-1971年擔任臺灣省臨時省議會，及臺灣省議會4屆省議員。與李萬居、郭國基、吳三連、李源棧、許世賢等議員，並稱臺灣省議會的「五龍一鳳」。有議會小鋼炮之稱。1960年與雷震等籌組反對黨「中國民主黨」，雷震入獄後，郭雨新在生活上即備受特務跟監等騷擾。

1972年郭雨新欲競選連任省議員，遭國民黨當局破壞而放棄；1973年，他參加增額監察委員選舉，73名省議員在國民當的恐嚇與騷擾下，無人敢投票給郭雨新，導致以零票落選。

1975年郭雨新在宜蘭參選增額立法委員，再度遭作票而落選，光是宜蘭就出現8萬張廢票，引起支持者強烈不滿，聚集郭的競選總部，差點造成群眾示威抗議運動。

該次選舉由臺北的大學雜誌社，及郭的祕書陳菊的強力動員下，號召許多大學生到宜蘭幫郭雨新發傳單助選，包括張俊宏、邱義仁、田秋堇等人，都去當郭雨新的義工，選後姚嘉文及林義雄兩位律師為他打選舉官司，雖然沒有結果，卻是大學生助選的首次，也首開後來黨外運動全臺串連的先例，因而有人稱他為黨外祖師爺。

1977年郭雨新赴美，1978年在美國宣布競選臺灣總統，1979年成立「臺灣民主運動海外同盟」，當年年底發生美麗島大逮捕，海外同盟和其他在美、日、歐等臺灣人團體，響應許信良號召而成立「臺灣建國聯合陣線」，誓言要讓國民黨這個罪惡政權從地球上消失，郭雨新也因而淪為無法返鄉的黑名單。

他在1985年8月2日病逝美國，8月24日葬於臺北陽明山。死後才得以平安返回故鄉。

【註2】吳濁流（1900-1976），新竹縣人，本名吳建田，1920年畢業於臺北師範學校，擔任教師期間被日本當局認為思想偏激，1940年因不滿日本督學凌辱臺籍教師而辭職，1941年赴中國，任南京《大陸新報》記者，1943年返臺，任《臺灣日日新報》記者。

戰後，他先後任《臺灣新生報》、《民報》記者，及大同工職訓導主任，並於1964年創辦《臺灣文藝》雜誌，培養許多鄉土文學作家。復於1969年以退休金創立「吳濁流文學獎」，成為臺灣文學界的著名獎項。

他是詩人，也是著名的小說家，以《亞細亞的孤兒》、《無花果》、《臺灣連翹》等小說聞名。

【註3】《水流屍》文章內容大意是描寫一具在圳溝被發現的屍體，因為打撈上岸的地點剛好在兩個鄉鎮中間，兩鄉鎮的警方及相關處理人員互相推託的情況。因為潘榮禮先生的作品大部分是事實，只有在需要加強的地方略為誇張描述，因此很受讀者歡迎，也讓當政者極為頭痛。

【註4】戒嚴時期有關糧食管理主要的法源依據是「違反糧食管理治罪條例」，其中第三條規定：

有左列各款情形之一者，以囤積居奇論：

一、非經營糧食業而購進糧食營利者。

二、經營糧食業之商人購存糧食，不遵糧食主管機關規定出售者。

三、業戶或農戶之餘糧，經糧食主管機關規定出售而藏匿或規避不售者。

前項第三款所稱餘糧，係指所有存糧減去應繳政府實物、應繳積穀、應存種子及保持至下屆收穫時之食與用量而言。

囤積居奇的罰責，最重可處死刑。

此外，糧食管理條例第六條規定：

經營糧食業之商人，不依照糧食主管機關左列規定之一，而售賣或購運糧食者，科以相當於糧價總額之罰金：

一、地域。

二、期限。

三、數量。

四、價格。

也就是說，糧商都必須依照主管機關規定的販售地域販賣，超出規定的範圍就是違法，科以糧價總價的罰金形同 收。其他販售的期限、數量及價格，也都有嚴格的規定。

該法於1948年制訂，1997年廢止。

後記 背後那支槍

我以20歲的精力、40歲的人脈關係爲基準，設定60歲以後的工作進度——打算訪問80歲以上的長者共100位，請他們談人生中遭遇到的重大事件，結果遭遇到的困難超乎想像。

人脈還好，還是可以透過一些老朋友老關係，找到很多願意接受採訪的對象；找出版商就碰到很大的困難，第一家出版商早已不再從事出版業務，通路也有問題，卻沒有告訴我實情；想和他們簽訂出版合約時，卻遭到「以拖待變」的對待，不得已只好從頭另找出版社自行出版，這一拖就是兩年。

我越心急，問題就越接踵而來，也越難以平心靜氣進行訪問及整理稿件等工作，心情就越浮躁，如此惡性循環的結果，竟然發現罹患了乳癌。這一病，又拖了兩年。

這期間，臺灣的情勢由於太陽花學運，把一些原本不抱希望的人心攪動起來，於是撥出一些時間關心時政，自己覺得差堪告慰的，是把1945年5月31日「臺北大轟炸」的歷史，透過高雄市臺籍老兵文化協會江仲驊理事長的協助，終於在終戰七十週年的2015年5月31日，由老兵協會和臺灣教授協會等團體，在臺北市合辦座談會及照片展，讓更多人知道這段歷史。

我們「趁勝追擊」，成功說服彰化縣政府主辦「終戰七十週年照片及文物展」，獲得正面回響，並以彰化模式，陸續遊說綠色執政的縣市，共同來推動還原歷史眞相的工作。

會去推動這件事，起因於兒時母親常常講她在空襲期間的遭遇，那時她在臺大醫院當護士，臨近的總督府被炸時，她正和朋友一起吃中飯，她們躲在餐桌下逃過一劫。

她說的時候感覺還心有餘悸，聽在我們耳裡，卻沒什麼感覺，因爲戰爭離我們很遙遠，而且課本沒有教，我不認爲那是重要的事。直到我進行訪問，回想母親差點被炸死當天，應當就是531，才稍能理解她的心情，而她已不在人世。

另一個原因是，馬英九在他總統任內最後一年，竟大肆舉辦「對日抗戰」七十週年系列活動。七十年前臺灣是日本殖民地，這不是擺明故意挑起族群對立？

我的朋友林世賢醫師，也在他父親彌留時的惶恐不安情緒中，感受到上一輩遭遇到的無處訴的無數委屈，在父親離開後，徒留無法彌補的深深懊悔。

他的父親林瑞呈先生日本時代擔任警察，國民政府來臺後繼續留任。我曾試圖訪問他遭拒，但談啊談的，他自己越說越起勁，我也趕緊拿筆猛記，他沒有制止，想不到不久他即罹癌往生，這段訪談，竟成爲他頭一次，也是最後一次的告白，道盡他們那一代所遭逢改朝換代的無奈。

以下是他的談話中令人印象深刻的部分：

我在員林分局擔任副主管時，員林派出所約有十一、二名警員。當時第一批來接收的人員中，以福州幫人數最多，那時的治安還很亂。

有一天，一位農民從柴頭井【註1】一帶擔菜到員林菜市場販賣，半路上被人持刀搶劫，搶匪作完案後把兇刀丟到路旁的古井裡，因為證據確鑿，嫌犯被逮捕了。

幾天後，擔任拘留所看守的楊姓警員，將嫌犯押解到員林看守所，途經員林公園時，楊警員告訴嫌犯說要把他放走，卻從後面開了兩槍把他打死。

事發當天我不在，第二天我去上班時楊警員告訴我說，因為嫌犯企圖逃脫，被他打死了。

三民主義新解

為什麼？這就叫做殺雞儆猴、殺一儆百。

當時彰化三角公園一家銀樓，因為有士兵行槍，士兵被當場槍斃在店門口！

彰化最大尾的流氓「紅桐仔」也是一樣，警察把他押到大肚溪旁，佯稱要放他走，再從後面把他槍斃，對外宣稱嫌犯是企圖逃亡，警方只好動用槍支。

你說這怎麼可能？事實就是這樣！你知道什麼叫做「三民主義」嗎？凡事只要他們三個人講好就算數，這就是三民主義！三個人講好把他殺掉，就殺掉。

我說的這些都是事實，但很可能檔案都被燒掉了，無從查起。

這就是中國政治。日本人不敢這麼做，中國人習以為常。我親自碰到才真正領會到中國人的厲害，像楊警員殺人的事情，其實圈套劇本都有人編好了，楊警員只是照著劇本演戲而已。

所以說，你要問我對這種事有什麼看法？我是覺得身處這種政治環境，已經不是我們願意當炮灰就能左右什麼大局的時代了，不要隨便去當炮灰，要懂得明哲保身。

1949年，我在二水擔任派出所主管時，二水有一位參與二二八的醫師陳篡地【註2】，日本時代就參加臺共，是一位知識份子及理想主義者，二二八事變後他曾帶頭打游擊，不久即躲起來，警方遍尋不著，我們判斷他人還在臺灣，因為二二八過後他的太太又懷孕，可見他和家裡還有聯絡。

陳篡地是二水鄉十五庄【註3】人。有一次警方要抓陳篡地，由刑警隊一位名叫陳內的隊長，開著吉普車載了六、七名警員一起過來，騙我們說據報我們轄內有人偷印鈔票，因此前來搜索，連我叫工友出去買煙都被押回來，還在派出所外面派了四、五個人緊緊看管我們，他們一行人則開著車子到陳篡地哥哥家中搜查，但無功而返。

後來又有幾次的搜索行動，他們都是要我和我們派出所警員走在前面，他們穿私服（便衣）跟在後面，這就是所謂「自己人也是敵人」，也要防備的意思，有功勞則是他們的。

事後我們知道，陳篡地是躲在十五庄的防空壕連到山裡的地道裡，由他的家人送食物去給他。

陳篡地是在1950年被抓的【註4】。陳家人在過程中很可憐，陳篡地哥哥的女兒頗有姿色，警方先吸收她為線民，並指控陳篡地一個侄子「資助匪諜」，把他殺死後通知陳家人去收屍；又利用二水鄉和陳篡地有姻親關係的陳慶全，押著他去勸降。陳篡地不得已出來投降，後來被派到新店軍人醫院去當軍醫。

所以說，我在中國式的警察體系任職的親身經歷很多。中國人善於運用各種手段，利用各種可資利用的人去達到他們的目的，但是用完就丟，毫不手軟。謝雪紅到中國不也一樣，最後落得被清算鬥爭的下場？

林醫師在父親過世後打電話問我，有沒有保留他父親的訪問內容。他在電話那頭一再重覆說，父親臨終前四、五天，深受惡夢所苦，不斷喃喃自語，口氣萬分驚恐；稍早意識還清醒時，則一再告誡他們兄弟，千萬不要去搞什麼政治了。

「父親走時好像面臨很恐怖的境界。這讓我內心很歉疚，也很後悔，因爲我們兄弟都一樣，從來沒有人好好聽他說他的過去，不知道他的人生究竟遭遇到什麼樣的痛苦經歷，竟然讓他帶著這麼大的不安離開人世，他走後我才發現我們對父親的了解，竟然那麼少，我們太不孝了……。」

林醫師的感嘆，應該是我們這一代人的共同感慨，面對一再試圖隱瞞眞相的國民黨外來政權，我們算是成功被他洗腦成不清楚、甚至是不屑去理解上一代的想法。

而我們的上一代，被另一個外來政權日本教育成日本人的思維，在守法及對人性的認知上，中國人的想法與作法遠非他們所能想像。

所以，當被「自己人」押著走在前面，背後那支槍隨時可以扣下板機讓你斃命，那種驚恐經驗，很多老一輩不想也不忍多說，因爲不想讓下一代承受和他們一樣的痛苦，這樣的不忍，卻造成子女心中永遠無法彌補的遺憾。

和監牢約會

我又想起訪談中另一件令人遺憾的事。

那是柯清隆博士的故事。

出生於1935年的柯清隆，父親是白色恐怖受難者，家裡從事派報業，父母都很好客，父親熟識的一位《戡亂日報》記者蔡鐵城被指是匪諜，在逃避追緝期間曾經到家裡來，說肚子很餓，父親說，我們又沒做什麼壞事，人家只是來吃個飯，不要緊，趕快讓他吃飽飯。

蔡鐵城後來被槍斃，父親也因「知匪不報」被判死刑，後改判無期徒刑，在新店軍人監獄關了12年，又在土城看守所感訓1年。坐牢後期柯清隆就讀師大，每個星期天他都由師大徒步走到新店探望父親，同學以爲他到碧潭約會。

柯清隆說，那段期間是臺灣的黑暗時期，即便是他的故鄉苑裡鄉下，也有無數白色恐怖受難者，例如他的表兄邱坤福因爲參加讀書會，在綠島關了15年，出獄後大家以爲他吸毒，因爲被關得全身是病，不成人形。

父親被捕時，柯清隆才15歲，母親無法繼續住在苑裡，只好把家產變賣後搬到后里，爲了撫養他和兩個妹妹，曾釀造私酒販賣，家境的困苦連警察都同情，有人檢舉販賣私酒時，警察竟然跑來向母親通風報信。

柯清隆每天由家裡步行50分鐘到后里火車站搭火車到臺中一中就讀。高中3年讀書時家中沒有電燈，只有一盞菜仔油燈；早餐泡一杯美援的奶粉，中午沒便當，即便偶而帶飯，也只能配魚餔，所以午餐時間他都跑到外邊遠遠的，不讓同學看到。

高中畢業後，他同時考上公費的國防醫學院及師大，考量國防醫學院身家調查嚴格，只能選讀師大。那一年，他是鄰里中唯一考上大學的，原本鄰居瞧不起母親，兒子考上後，人際關係全面改觀。

柯清隆師大畢業後曾回母校臺中一中教了一年書，隨即取得臺北榮總放射科副技師的資格，在榮總工作3年後，獲得聯合國原子能總署的獎學金赴英國留學，後轉往美國攻讀博士。聯合國的獎學金是由英國政府及榮總各支付半數。

在榮總工作時，他發現別的同事都領有房租津貼，跑去找人事室，人事室同仁問說：「你是臺灣人喔？怎麼會到我們這裡？」又說：「房租津貼？你又沒有向我們要。」連原定出一半獎學金的部分，副院長也說：「你們臺灣人都很有錢，獎學金你自己付！」

臺灣不要的人才，美國要！

不意外的，柯清隆的護照後來被取銷，無法回臺，理由是他向英國人說榮總不付獎學金，詆毀國家形象。他拿著無法回臺的護照跑去美國移民局訴苦，移民官看到他的學歷背景後說：「像你擁有這麼好資歷的人，我們國家求之不得，你就不要回去了，我們協助你辦理移民美國。」

柯清隆後來在美國生活過得很好，曾任職於製作飛彈的公司。民進黨某位前主席到美國時對他說：「你有這方面的專長，正是我們臺灣最欠缺的，你趕快回臺灣，到我們中央黨部來工作吧。」他那時正值可以退休的年齡，懷著報效國家的滿腔熱忱回臺，可惜無法施展長材，只能在他太太娘家和成牌衛浴公司當顧問，終究又回到美國。

他在臺灣的那幾年間，我曾多次建議他一定要把他父親的受難，以及他的成長故事記錄下來，可惜一方面是他客氣，一方面因爲長年居住美國，中文寫作對他而言有一定難度，終究沒有留下任何文字紀錄。

最後一次見到他是在2011年，突然聽朋友說他罹患肝癌回臺醫治，我趕緊去探望他，作了一小部分的訪問，就因體力難以勝任，約定下次再訪談，想不到兩個月後他就走了，留給我無限的遺憾。

1940年代是極度動盪的十年，歷經戰爭及政權更迭，連臺北大轟炸總督府被炸毀這麼重大的事件，日本人死亡人數應不在少數，臺灣總督府都沒有記載！一位日本記者告訴我，他們報社看到臺灣教授協會和高雄老兵文化協會舉辦的活動之後，才知道有這回事，他們正積極追蹤，想找出更多當事人深入報導。

五年前開始想做系列訪問時，曾經請教前國史館館長張炎憲教授：這個主題值不值得深入採訪？得到的是正面的肯定。遺憾的是，他已經離開人世。

他曾經說過：「我認爲臺灣過往的歷史教育，欠缺很重要的兩個元素。一是對土地的感情，一是對眞實人性的了解，這兩方面的缺乏，當然與政治文化相關，但在整個社會逐漸邁向民主自由化時，應該針對這問題來修正。」

諷刺的是，時至今日竟還有教育部以所謂「課綱微調」，實際上是意圖掩飾某些歷史，特別是這一段臺灣人活生生有血有淚的歷史。

掩飾傷痛眞能解決問題嗎？我們看臺灣這些年來的統獨與藍綠對立，已經嚴重到國政空轉的地步，原因正是我們不肯去面對過去的傷痛與不堪的歷史，甚至不敢去面對國家正常化的問題，雙方各自執著於各自的立場，導致高中生都要以包圍教育部爲反洗腦的手段。

而這些未成年的學子所面對的竟是警察粗暴的逮捕與教育部的提告，還以私闖民宅移送，視新聞記者的採訪權，及人民的抵抗權於無物，還把爲公眾服務的公署當成自宅，如此政府，簡直到了荒腔走板的地步，和七十年前拿支槍押在人民後面的行爲相較之下，現在是公然在人民面前揮舞權力的大刀！

所幸文化部這幾年積極推動「國民記憶庫－臺灣故事島」計畫。本書的出版，也獲得文化部的補助支持，讓原本可能消失的歷史記憶多少保留一些。

本書的出版，也要感謝老友潘榮禮兄的接受採訪並應允寫序。榮禮兄近年一度爲帕金森氏症所苦，令人意外的是，吃了兩年多的藥後，才發現竟然是誤診，他又找了兩家醫院重新檢查的結果，他的身體狀況除了輕微高血壓之外，一切正常。

得知這個令人振奮的消息之後，原本日益消瘦，走路無精打采的榮禮兄，一夕之間突然變得神采奕奕。他說：「說有病不煩惱是騙人的，光是想到為家人帶來很多額外負擔，就是很大的煩惱。」

我聯想到臺灣如果能積極推動轉型正義，趕快把一些過往歷史事件做一個總結，一定也能一夕之間變得神采奕奕，重新展現出強壯的生命力。

【註1】柴頭井，員林鎮地名，在高鐵行經的八卦山麓，76號東西向快速道路南端附近。

【註2】陳篡地（1907-1986），彰化二水人，臺中一中畢業後就讀大阪高等醫學專門學校，曾加入日本共產黨外圍組織「戊辰會」，1933年畢業回臺，在斗六開業，二戰期間被徵調到越南擔任軍醫。二二八事件後組成「斗六治安維持會」，統率「斗六隊」攻打虎尾機場，國軍進攻斗六，在街頭發生小規模巷戰後不敵，率眾退至小梅（今梅山），又發生「小梅樟湖之戰」後，游擊隊瓦解，逃回二水，躲在老家附近山區，1953年遭人檢舉而出面「自新」，入獄後不久獲釋，被迫將醫院遷至臺北後火車站附近，以便特務就近監管。二水明世界掌中劇團曾將他的故事編成布袋戲「陳篡地醫師風雲錄」。

【註3】二水鄉地名，在復興國小附近。

【註4】據文化部的《臺灣大百科》全書記載，陳篡地是在1953年，在謝東閔具保，以及保證他全家人生命財產安全下，出面自首。

1940年代 臺灣歷史大事紀

1937年（昭和12年）

7月7日	盧溝橋事變，日中戰爭爆發，日政府派武官總督。
7月15日	臺灣地方自治聯盟解散，公開的政治結社消聲匿跡。
7月31日	日月潭第二期發電所竣工。
12月27日	大屯國立公園、次高太魯閣國立公園、新高阿里山國立公園成立。 臺灣軍伕奉召至中國戰場。

1937 1939 1940

1939年（昭和14年）

9月25日	新高港開工典禮在梧棲舉行。

1940年（昭和15年）

2月11日	日本政府扶植汪精衛在南京成立國民政府。
10月25日	臺灣第一座交通號誌（停止─通行）在臺北御成町開始運轉。

1941年（昭和16年）

2月9日	「臺灣革命同盟會」在重慶成立。
4月19日	推動皇民化的「皇民奉公會」開始活動。

1942年（昭和17年）

	第一批臺灣人志願兵入伍。

1943年（昭和18年）

11月25日	盟軍開始空襲臺灣。

1944年（昭和19年）

9月1日	日本政府對臺灣人開始實施徵兵制。

1945年（昭和20年、中華民國34年）

5月31日	臺北大轟炸。
8月15日	昭和天皇發布終戰詔書。
10月25日	中華民國政府代表盟軍占領臺灣；臺灣省行政長官公署業務開始運作。 在臺的日本人開始撤離。 根據日本政府的統計，二戰期間臺灣人參加太平洋戰爭的有20萬7183人，死亡而被奉祀在靖國神社的有3萬304人，失蹤的有1萬5千餘人。
12月	國民政府開始在臺灣召募志願兵，響應者估計超過1萬5千人，回來的只有數百人。

1941 1942 1943 1944 1945

1946年（民國35年）

	臺灣實施地方自治。
5月1日	臺灣省參議會成立。
5月31日	日本以敕令廢止臺灣總督府。

1947年（民國36年）

2月28日	二二八事件。陳儀宣布戒嚴。
3月1日	因參議員及國大代表反應，解除戒嚴。
3月6日	蔣介石在南京國防最高委員會中決議派兵鎮壓。
3月8日	蔣介石派遣的「太康艦」抵臺，展開全臺大屠殺。
3月9日	陳儀宣布戒嚴，取消所有非法團體，武力綏靖。
3月17日	國防部長白崇禧來臺宣撫巡按調查，下令停止濫殺，公開審判，聲明政府將以和平寬大的方式處理。但國軍仍繼續追捕濫殺。
3月21日	展開「清鄉計畫」。
5月15日	臺灣省政府改組，魏道明任省主席。
5月16日	解除戒嚴與清鄉。

1948年（民國37年）

3月29日	蔣介石當選行憲後第一任中華民國總統。
5月10日	中華民國公布實施〈動員戡亂時期臨時條款〉，凍結部分憲法，使總統任期得連選連任。
5月20日	蔣介石就任中華民國總統。
9月1日	臺灣再解放同盟廖文毅等向聯合國請願託管臺灣。
12月30日	中華民國行政院美援運用委員會臺灣辦事處成立，陳誠擔任主任委員。

1946 1947 1948

1949 年（民國 38 年）

1 月 21 日	蔣介石發布引退文告。
4 月 6 日	軍警憲衝入國立臺灣大學及臺灣省立師範學院男生宿舍逮捕百餘名學生，是為「四六事件」。
4 月 14 日	「臺灣省私有耕地租用辦法」公布實施，開始其餘一連串相關規定，貫徹三七五減租政策。
5 月 20 日	陳誠宣布臺灣省實施戒嚴，開始世界最長戒嚴令。該戒嚴令未經行政院通過，亦無總統公布（當時的總統李宗仁逃往美國），2010年監察院認定有瑕疵。
6 月 15 日	發行新臺幣 4 萬元舊臺幣兌換 1 元新臺幣，和美元的匯率為 1 美元兌換新臺幣 5 元（民間通稱四萬換一塊）。
10 月 1 日	毛澤東在北京宣布成立中華人民共和國。
12 月 8 日	中華民國政府撤退來臺，美援停止。

1949 1950

1950 年（民國 39 年）

3 月 1 日	蔣介石「復行視事」（此舉違反「中華民國憲法」之規定）。
4 月 11 日	愛國獎券發售。
6 月 25 日	韓戰爆發，美國派遣第七艦隊巡弋臺灣海峽，1953年韓戰結束後恢復美援。

附 錄

臺灣阿祖的私密故事（1）

《1940–1950消失的四〇年代：造飛機的小孩們》**目錄**

說些你我沒聽過的故事

換個角度看世界 ／009

彭序

珍視失落的歷史鴻爪 ／012

——龍應台．李敖．陳婉真，感動他們對 1949 的用心

1940 年代臺灣歷史大事紀 ／015

前言：那深深深溝 ／026

媽祖接炸彈 王文科 ／046

幸福新樂園 王柯秀霞、王振文 ／053

市長與匪幹 王紹義 ／060

二二八託孤避禍 吳則叡、楊添鎮 ／068

梅山活字典 江克圭／078

阮尪被關兩遍 溫江玉鎰／100

娶某錢被搶了 林尊彬／116

60 年後的畢業典禮　曾天來／126
造飛機的小孩們　李雪峰／135
二二八後七日　林才壽／148
見證百年滄桑　孫江淮／170
被遺棄的臺籍國軍　梁啟祥／184
聘金一千萬　陳松江／194
關 15 年的思想犯　黃玉坤／202
國寶級佾長　楊承家／210
50 寒暑草月流　廖合雲、賴芳惠／216
愛金槌，不愛官位　謝正榮／226
歷史的先行者　謝聰敏／240
我從吃人肉的戰地回來　梁煜堃／255
結語：串起斷鍊的珍珠　／278

臺灣阿祖的私密故事（2）

1940-1950消失的四〇年代2：背後那支槍

建議售價・299元

作　　者・陳婉真
校　　對・陳婉真
企　　劃・財團法人綠色台灣文教基金會
專案主編・徐錦淳
發 行 人・陳婉真
地址：520-46 彰化縣田中鎮斗中路二段706巷299號
電話：（04）8741056
e-mail：stellatn@ms74.hinet.net
代理經銷・白象文化事業有限公司
台中市402南區美村路二段392號
經銷、購書專線：04-22652939　傳真：04-22651171

印　　刷・基盛印刷工場
版　　次・2015年（民104）九月初版一刷
2016年（民105）九月初版二刷

本書二刷加印費用由李賢群贊助，特此感謝！

設計編印
白象文化
www.ElephantWhite.com.tw
press.store@msa.hinet.net

國家圖書館出版品預行編目資料

1940-1950消失的四〇年代2：背後那支槍 / 陳婉真
著. -- 初版. -- 彰化縣田中鎮：陳婉真, 民104.9
面；　公分. --（臺灣阿祖的私密故事；2）
ISBN 978-957-43-2754-6(平裝)
1.臺灣史 2.訪談 3.文集
733.289　　104017170

贊助單位：文化部 MINISTRY OF CULTURE http://www.moc.gov.tw/